匡时 青年学者文库

信息哲学导论

人工智能时代的通识思维

魏海燕◎著

Introduction to Philosophy of Information

General Thinking in the Age
of Artificial Intelligence

上海财经大学出版社
SHANGHAI UNIVERSITY OF FINANCE & ECONOMICS PRESS

上海学术·经济学出版中心

图书在版编目(CIP)数据

信息哲学导论：人工智能时代的通识思维 / 魏海燕
著. -- 上海：上海财经大学出版社, 2025.2. --(匡
时). -- ISBN 978-7-5642-4603-7

Ⅰ.G201-02
中国国家版本馆 CIP 数据核字第 2025NOW902 号

本书由上海财经大学"中央高校建设世界一流大学学科和特色发展
引导专项资金"与"中央高校基本科研业务费"资助出版。

□ 责任编辑　邱　仿
□ 封面设计　张克瑶

信息哲学导论
——人工智能时代的通识思维
魏海燕　著

上海财经大学出版社出版发行
（上海市中山北一路 369 号　邮编 200083）
网　　址：http://www.sufep.com
电子邮箱：webmaster@sufep.com
全国新华书店经销
上海华业装璜印刷厂有限公司印刷装订
2025 年 2 月第 1 版　2025 年 2 月第 1 次印刷

710mm×1000mm　1/16　11 印张(插页:2)　158 千字
定价:59.00 元

目　录

导言　信息哲学何为

在一个高度信息化的社会，对于所有关心以人工智能为代表的信息技术与社会发展之间关系的科学家、哲学家、社会学家、经济学家们来说，没有什么比探讨信息这个话题更加令人振奋且满怀期许了。现如今，任何一种学科的发展，都回避不了对信息的正视。信息技术突飞猛进，不仅深刻地建构着我们的现实生活，更从认知上颠覆了我们对世界的理解与观念。信息既是有形的工具，又是无形的理念，更是一种推动社会发展的内驱力量。

尽管我们可以更多地从技术层面去感知和讨论信息，但对于技术与操作层面近乎穷尽的追求，反而容易被信息的力量所牵引。越是把信息当作一种工具理性去追寻，就越容易将其视为与人类相对立的异化存在。由此生发出两个思考线索：一是我们从不同学科、领域、行业出发形成的见识与理解，能否达成一种对信息的通识理解？这种通识的基础既是理解信息的起点，又能引向一种思考的终点——在人与人工智能共舞的时代，信息的价值边界在哪，人类的存在价值又何在。科学技术在造福我们的同时，我们又该将自身的精神家园安放在何处。这不仅是一个技术领域探讨的问题，更是一个带着深层生存思考的问题。在技术层面，我们或许可以感受信息技术所带来的世界图景的改变，但是在生存层面，我们或许一时无法穿透各种技术表象，从而把握其本质以及它带给人类存在的意义。二是什么样的通识基础可以成为来自不同学科、不同领域的人们形成对信息理解的前提？尽管信息的重要性已得到世人公认，但在信息的本质、构成、定量和定性的描述与解释，以及对人类的影响等方面，都需要一个达成共识的基础。

身处信息社会,每个人都可以从自身所处的行业、领域以及自身认知出发,去谈信息、谈技术、谈人工智能带给自己的变化与感受。信息越是日常可感,越是日益成为习以为常的事物,我们越是不容易停下来对它进行思考。因为信息化的步伐太快了,以至于超过了我们停下来思考的速度。技术的驱动不断驱使人们去更新、去迭代、去追赶,以至于世界变得越来越"卷"。每个人都被这种速度追赶着,很难停下脚步进行深层次的思考。在信息发展速度的鞭策下,在不同行业领域、学科领域、交叉领域、前沿技术领域,大家都可以从不同维度表达自己的见解。无论是基础的编码工作,还是系统化的工程;无论是生物医学的发展,还是政治社会领域的人文学科,人们越能看到信息技术的发展,就越容易陷入对它的局部性理解,因为现代社会的分工过于精细化,以至专注于局部发展。

越是能够谈论的东西,其实越需要回到一个能够达成通识理解的层面去看待它、审视它。因此,我们只能把这个任务交给哲学,回到哲学层面,去探讨信息的本质,从而在不同领域都能够达成对信息的通识理解。正是有了这种通识理解的基础与前提,才会助力各领域从整体上去理解和把握信息的意义,以及人和世界的关联。

在哲学课堂上,我会首先问大家:什么是哲学?从"哲学"一词的西方起源,到经典著作对它作为"爱智慧"的解释,再到中西方对哲学界定的差异,大家会从不同角度给出回答。其实,哲学是一种解释世界的方式,和其他诸如宗教、神话、文学、艺术、音乐、建筑乃至科学等众多形式一样,都是人们试图把握并进而解释世界的一种方式而已。只不过,哲学是从人类自身的语言出发,试图从人类语言所承载的思维逻辑出发,用人的视角去解释世界的一种方式。因此,它不像宗教那样具有全能的视角,不像文学艺术那样丰富而感性,不像科学那样具象可感并延伸出无数工具,而是试图通过人类最抽象艰涩的语言逻辑,揭示世界的本质,从而帮助人类思想不断上升到新的认知高度。所以,哲学是一套通过规范的语言逻辑揭示世界本质的范式,从这一点来讲,只要是人类自身从语言解释角度出发去揭示世界本质的,都可以称之为哲学。

哲学是解释世界的语言范式。在理解现代性呈现出来的社会机制时，马克思给出了关于现代性的时代剖析，这是对现代性深刻的哲学思考。同样，在理解现代性进展到信息化社会阶段时，我们仍需要给出哲学思考，从哲学的视角去解析信息社会的特征及本质。哲学的最大好处，是能够从整体视角看待事物的变化与发展，在社会领域和自然领域莫不如此。它能够在一个整体观察与思考中，从宏观视角帮助大家看清每个社会支流的作用与意义，能够帮助我们透过信息社会演化出来的复杂的现代性表象，进一步看清信息社会的机制，以及它给我们带来的价值和未来发展方向，更重要的是帮助我们理解身处其中时自身的存在价值与意义。

将通识的理解回归哲学层面，在这种哲学思考的审视下，我们来探究：信息是什么？是技术，是工具，是物质，还是思维方式？"信息"一词的形成历史，有助于我们理解信息演化过程和人类思维的历程。从古至今，在众多日常可见的符号、代码以及传递这些符号方式的发展与演变历程中，信息渐渐从一种原始符号演变为传递与表达那些可被人理解与应用的符号的工具，并且符号与工具的双重作用与意义一直保持至今，不论这种符号以及工具如何演变。而一旦这种工具属性进入科学的视野，它就变成了改变世界的认知力量。在这种认知下，所有学科的底色都是通过信息化的思维去思考的。以前，生物学家、科学家们研究生物体的能量、细胞构成，而现在，生物体的构成无不变成了信息间的通信与对话。从信息的视角看，所有的生物和生命体，基因就是符号间不同排序结果的差异化存在，只要有算力，就可以在无限排列的这些符号间发现物质独特的构成。

正是这种信息化对人们认知的改变，带来了整个社会构建方式的变革，这就是结构化的思维方式与社会过程。这个结构化的过程，就是通过一个个代码搭建起程式化的意识与思维结构，并被广泛应用于各个领域。信息化社会就是一个不断被工具范式结构化的过程。信息试图建立一个世界的全景，无论是对世界的描摹，还是社会管理方面。这个结构化可以建构、拆解、组织，进而能够全景式掌握世界的面貌。甚至在信息化视野下,世界就是一个巨大的模型,而这种模型,可以在数字化世界里被预先设计呈现出来,在虚拟仿生技术下成为现实世界的"先验存在",从而让世界有了多元和丰富的层次。现实世界可以成为一个"元宇宙"的摹本。因此,结构化社会打造出来的是一致性原则和量化的思维。这种一致性强调客体对象乃至主体行动的内在一致性,同时又表现出对人的外在强制性。物联互通、智联互通,技术不断突破时空的束缚。编码、大数据、数字化、大模型、人工智能成了不同技术阶段的代表和名词,工业化生产在这种信息化羽翼下蓬勃发展。因此,信息不仅是一种手段,更是一种生产逻辑和社会规则。

由此,信息化带来经济形态的重构。生产机制在数字化的方式下得以重塑和强化,这对人的知识、能力以及职业都带来全新的系统性挑战。信息技术带来的数字化图景,颠覆了我们的认知,也改变了我们的想法。人们只有不断转换思维,改变长期以来对知识、能力、职业的传统认知,才能逐渐适应新的社会变化。

信息技术的突飞猛进,技术发展的内在驱动性,不仅实现了对世界的数字化描摹,更要实现智能化思维,实现人与机器之间基于自然语言的对话与主动输出。从中我们可以看到大模型建立的意图,以及这种技术在通向智能化道路中的价值与作用。这又再次强化了技术与语言的天然关联,或者说再次引发对人类语言研究的重视,这在人工智能尤其是生成式人工智能中可见一斑。语言是人类带有认知与逻辑的社会化符号,语言的生命力在于它不是一个僵化不变的符号,而是复杂的、带有情景、情感、思想多维关联和触发的心智体系。它是 种逻辑体系,但又不是固化的程式。人工智能的最高标准就是要达到与人能够交流,并且是基于自然语言的交流,并在此基础上理解人的需求与意图。为此,人工智能在不断攻克技术难关,在多学科视域下,强化语言对于指令的一致性与和谐性。这个试图通过符号与编码构建与模拟的人脑模型,再次让整个世界为之关注。

透过数据建立的大模型,透过人工智能所汲取和生成的"类人化"思维,使得传统的知识在人工智能眼中,不再像之前那样被视为珍宝。知识开始泛化,一切人类以往的知识不再占据社会中心的高位。在智能机器面前,这些无非是一堆可供检索与复制的数据,甚至可以透过这些经验数据,帮助人们重新构建新的表达与呈现。这就是生成式人工智能的本领。在机器面前,人类无需记忆,思考也逐渐变成一种范式的结构化思考与呈现,越来越多的模板可供人们生成表达,同时也规范着人们的表达与诉求。人作为主体性的存在,也遭遇外部客体世界的定义与结构化。在这种情况下,代表着人类一直以来传统的知识贮存、思想传承的图书馆,又将如何展现其价值边界,如何表达其存在的意义呢?是知识发生了转移,还是价值发生了转移?这都是人工智能时代下人们需要进行的思考与反思。

信息在现代社会已经成为驾驭社会的一种力量,那么信息的限度与界限在哪里?信息构建的结构化社会,是人的主体权利不断让渡的过程,这就迫使人们去思考在信息化社会下如何展现人的价值,以及人的主体意义何在。信息越是一种能够成为驾驭我们存在的外在力量,我们就越需要看清与它之间的关系。因此,我们认为,信息的发展一定是有边界的,而且必须有边界。这个边界一定是止于对人的本质力量的侵扰,不能突破社会伦理,不能打破人类的情感价值、道德价值等具有人文关怀的尺度。

信息已然成为现代化重要的社会架构与引擎力量。在发展现代化的道路上,中国与西方资本主义的发展道路有着本质的区别。带着这样的思考,我们能够清晰地看到在中国文化与社会主义精神引领下,发展中国式现代化道路的历史必然性。

现代化并不是西方现代化模式的全球传播与照搬。在资本与信息的强制下,人的精神依附与归属将走向何处?那么,文化对人又意味着什么呢?不同国家、不同民族,在资本推动及信息强制所制定的一切空间秩序与社会规制面前,唯一可以对资本做出不同定义和路径选择的力量,就是各自独特的文化。文化是植根于一个地域下人们物质生活与精神凝聚的生存根基,更是固守民族、国家文明存在的根基。因此,面对资本、信息技术冲击的社会大潮,文化更应突显它的作用,彰显它的主体地位,而不是被资本、信息所造就的现代文明所压迫与舍弃。在信息打造的全球化浪潮中,文化不仅是每个民族、国家生存样态的体现,更是主体立场的彰显。在信息建构的现代化高级阶段,当人的价值意义与结构化境遇面临冲突时,必须进一步尊重文化的主体性地位,尊重不同的文化传统,回归文化的叙事主线,从而释放文化对人的精神主体性与自在性的涵养能量。文化是面对世界多样性文明样式存在的最大明证。未来的世界发展之路,不再仅仅是经济多元化发展,而是在文化多元性主张下的经济发展。社会的承认、沟通与对话,不仅仅体现在人与机器、人与程序之间的互动关系中,更建立在文化框架下人类精神主体充分彰显的基础之上,在此过程中,文化话语必然会超越资本话语和信息逻辑的局限。

由此,我们可以看出,在当今资本全球化和信息结构化的外部空间环境下,我国已经在现代化之路上走出了自己的坚定道路。在奠定了城市发展物质财富基础的同时,又展现出我国在信息化建构、均衡发展、精神培塑等多重维度上笃定前行的姿态,以及立足中国特色社会主义道路的坚定立场。和而不同的现代化方式和极具创新的历史实践方式,铺就了中国砥砺前行的自信道路,为中华民族伟大复兴之梦的实现打下了坚实的基础。党的二十届三中全会指出:"中国式现代化是物质文明和精神文明相协调的现代化。必须增强文化自信,发展社会主义先进文化,弘扬革命文化,传承中华优秀传统文化,加快适应信息技术迅猛发展新形势,培育形成规模宏大的优秀文化人才队伍,激发全民族文化创新创造活力。"党在社会主义新时期发出的时代号角,已经奏响了中国式现代化道路的序曲,开启了中国建设文化内涵式现代化发展的新历史局面。中国在现代化道路上,必须有自己的实践,自己的理论。信息化方式的技术扩张和发展观念,必须在中国的精神文化底色中发展,必须有中国的方向和指引,服务于人民大众,成为让更多人受益的政治、经济、文化的引领力量。在面对信息化社会带来的异化、分化、对立、冲突中,必须有来自文化中的精神弥合力量。中国在现代化建设道路中的文化启蒙与建构，是一种源自中国历史文化内在精神的思想内省。这种文化的守护、精神的挺拔、民族的自信，正是中国屹立于现代世界之林的应有姿态。中国在面对信息化发展的历史阶段时，有这种历史文化底蕴与基础，更有建构一种新文化、塑造新文明生态的可能性。

本书立足哲学视野，扎根于马克思在历史唯物主义当中对现代性展开的资本批判之立场，尝试深入浅出地理解信息的本质、意义、价值和边界，以及人类面对信息社会的立场，在层层叙述中展示以上的阐释线索。在这种尝试中，试图把不同学科、领域对信息的认识引向一种哲学层面的回归思考，从而提供一个理解信息及其带给人类影响的视域和观察视角，且不会硬生生地把对这些问题的探讨引向哲学术语的艰涩世界中。同样基于笔者的观点，哲学最应当做的事情就是解释世界，以哲学思维去理解生存世界的"日常"，理解当下的世界，而不是为自己筑起一座与外界隔离的术语堡垒。

哲学从来不是无用之功。它是建立在对事物本质追问基础上的深刻思考，可以弥合当代众多学科、领域等精细的分化，总揽社会发展的本质和主体脉络，对于现代化建设具有现实的推动力量。哲学是人类思想的拐杖，能够帮助人们不断提升思想高度，从总体上把握事物的本质。对于当下知识泛化、信息爆炸的年代而言，就人类与人工智能的关系而言，需要的恰恰是这种思想的思辨力，而非传统工具性的固化知识。只有在这种思想高度上，才能纵览全局，观察社会的发展。尤其在人工智能时代，人们需要的恰恰不是传统工具性知识的传导，而是在被各种工具化方式填满的思维缝隙中，用更高维度的审视，不断拓展人类社会发展的想象力与创造力。

创新需要思维的碰撞，信息哲学的存在，正是在各学科、各领域之间达成一种通识的基础，不仅可以帮助我们加深对社会整体架构的理解，对于我们日常所见且习以为常的概念，也能加深对它的反思。尤其对于刚接触新兴发展的数字经济、人工智能的大学生和研究人才而言，加强对信息的通识理解，有助于从宏观整体上帮助他们树立正确的价值观。信息最终是为人类造福，是利于广大劳动者的利益。这也是为什么我们要在大学教育中强调思政教育重要性的意义所在，即首先明白科学最终要为谁服务的问题。

哲学研究的目的不是为了增加人类知识，而是帮助人们去发现和理解信息化社会中事物发展的本质，从而将信息发展引向造福人类的正确方向。因此，信息所具有的普遍性品格及其在个人与社会发展中的非凡意义和价值，促使我们在提高对信息的认知时，绝不仅仅局限于技术层面的考虑，而是从有利于人们利用当代科学、技术、社会发展的积极成果的视角，重新建立一种更为合理的价值观。信息哲学对自然、社会和思维领域的认识，有助于人们能够更好地处理人与自然、人与人、人与社会的多层面、综合而交织的复杂性关系。信息哲学给人们带来的全新的自然观、认识观、社会观和价值观，不仅能够积极地推动人类信息社会的发展，而且还能在此基础上促进建立一种更为文明和民主的符合社会发展的政治、经济和文化的新秩序。

第一章　信息的本质

　　信息已深度融入我们的生活,构建了经济形态、生活方式和社会秩序。当我们试图理解其概念时,就会发现"信息"一词在经过了漫长的社会发展和科学认知进程中,已经演化为一个具有丰富含义的立体式概念:它既可以简化为最基本的符号,也可以用来界定其他事物;它既是一种存在形式,也是一种认知途径。因此,没有什么比探讨信息这个概念与本质更加迷人而精彩的了。

　　从其原始来源而言,信息就是符号世界,是与人类社会生存相连的意义世界。这个符号世界非常丰富多彩,任何动态的、静态的符号,能够载有某些含义或表达某种意味的符号,都是信息的存在形式。从这个意义上讲,信息就是符号及其意味世界。语言能够生动地呈现人类丰富多样的存在世界,而符号则不需要那么生动和宽泛,它是一种简洁而意指的表征性存在,它展示一定的意义,而在形式上则需要简洁和明了。仅有符号本身还不够,信息还要实现的是传递这些符号,并且让这些符号流动起来,才能够被人所接收与认知。

　　信息在技术演化下的目标,就是符号本身越来越简化,越来越能透过最简单的符号表达最丰富和无限的世界。这是一个在符号与意义世界之间进行演绎与归纳的双向过程。其实,早在中国古代,易经思想中"爻"的概念,便是从复杂世界中抽象出并形成了用最小符号还原复杂世界的思维方式。而现在,信息在科学不断推动下进化,其结果同样是寻找在科学技术手段下认知世界的最小单位与符号,这便是比特(bit)的诞生。

　　在信息科学看来,比特是认知世界不可再分的最小符号单位。它为世界提供一个测量事物的基本尺度,提供了一种界定,把丰富多彩的物理现象统一抽象并还原为一种技术尺度，并且这种技术尺度是便于计算与再演绎的。信息并非物质实体，但却是方便对事物进行定义与计量所依赖的基础。

信息作为一种思维方式，改变了我们对事物本质与属性的认知方式。信息技术思维对传统物质观念进行解构，颠覆了我们向来秉持的传统物质观念。由此，信息在探寻有限与无限、已知与未知世界之间架起了一座桥梁。

一　信息是物质观的颠覆

每个词语的形成都是社会进化的结果，其背后都有着悠久的社会发展和人类认知进化史。"信息"一词也不例外。"信息"一词的原形在现实世界里随处可见。无论是原始形成的口信、声音、光影、手势和指令，还是存在于传统媒体中的影像、新闻、数字、图表、信号和标识，抑或是人们肉眼无法观测到的无线电与电磁波，它们都以各自不同的形式存在着。

这些不同形式的信息表达与传递着人类的社会性存在。通过这些不同形式的信息，人们能够互通有无，表达与传递某种可以共通的存在，从而形成共识与理解。从存在形式上来说，信息是一种丰富而庞大的符号体系。所有符号都是透过形式向我们传递某种意蕴。在这个意义上，线条、绘画、建筑、图案、音符，都是标记某种存在的片断。这种符号或曰信号，不同于文字的存在。文字的形成与发明，使得人们可以进行逻辑推理。透过文字，成串的思维过程呈现在人们眼前，供人们反复审视与思考。符号则无需丰富而连贯，它可以是片断的，可以被压缩，可以凝聚某种语言、文字或行为的特定存在，成为一种独立的存在。

人们或许可以发问：这个庞大的符号体系就是信息吗？带着这种追问，我们可以进一步探知，符号似乎向我们传递某种信息，这意味着我们在传递和接收的过程中，能够透过符号体系获得某种理解和认知。然而，信息不能仅停留在静止的符号阶段，最重要的是要对这些符号进行相互之间的传递。信息不仅要表达某种存在，还要传递这种存在，通过方法、手段、技术能够把自身传递出去，传递到更远的地方，传递给更多的人。所以信息的达成与实现，不仅是载明符号本身，更是要化身为一种工具，一个能够运载自身，能够成为人们共同接收并理解的工具与媒介。

信息如何能够把这些符号带到更远的地方，传递给更多的人，让更多不同地域的人能够去共同接收与把握，甚至这种共通性能够跨越不同文化、语言、地域，这是信息所要积极达成的一个目标。人类社会生产力的不断发展，正好印证了信息更快更广地进行传递的发展过程，从而帮助人们探索越来越多的未知世界，不断拓展人们对未知世界的认知。

由此，"信息"一词的核心要义逐渐清晰起来，它必须能够传递自身。技术在不断突破，信息在朝着技术路线演进。如何能够更多、更快、更广地传递符号，并且突破时间和空间的限制，让更多的人接收这种符号，则是信息的重要目标和使命。信息不仅要呈现自己，更要传递自己。这种对手段的渴求，对技术的期许，促使信息在技术的路线上高歌猛进，由此带来信息存在方式的不断变化和意义的逐渐丰厚。随着近代科学的发展，人类发明了能够操作符号的机器。这就使得逻辑学不断焕发新的活力。在数学和逻辑学两种推理的最高形式中，符号成为数学和逻辑学相互融合的外化形式与对象，也使得符号有了更为精准而特定的存在形式，这就是必须被机器接纳与处理。符号脱离了原始形成过程中的丰富性，而变身为能够被机器处理的特定形式。正是有了这种统一的、可被机器接收和处理的符号，信息在通向通信功能意义的道路上前进了一大步，这也是符号形式迈向统一性和规范性的关键一步，这一过程是符号从原始风貌中被抽象化和规范化的过程。

既然需要便于被机器接收和处理，那么这个符号必须是可以量化和计算的。这是一种科学的规范化思维，是基于数学计量和逻辑推理的双重要求。近代科学的发展有一个最显著的特征，就是突破传统神学的束缚，用人的理性将所有物理世界的传统感知纳入科学认知的视野之中。物理世界不仅能被感官感知，更重要的是要成为人类理性可以认知与把握的对象,这就需要借助量化的概念与工具,把人们日常所见且习以为常的事物都纳入科学的观测与计量范畴。正如牛顿将"力"的概念引入自然科学的理解范畴之下,用力的量化观点来解释人们传统以来视为形而上学的诸如矛盾、前进与倒退、运动与阻碍等抽象概念,从而将形而上学的感知概念化解为可以量化与公式化的具象客体,开启了近代自然科学的新时代。

当自然科学在研究中想要对一种现象进行描述和概括,赋予其科学特征并从日常词汇中脱离出来时,人们必须对其进行技术指征的概括。同样,信息所指征的符号体系太过丰富,以至于在传递和表达事物时不利于量化和计算,因此对"信息"一词必须进行技术指征分析并加以精炼与精简,去除多余的干扰词义。为此,必须找到符号的简化以及工具可及性的路径。当然,这种符号越简单越好,并且要能表达和还原丰富的现实世界。这个提炼的核心就是便于对其进行科学量化计算。

为了能应用于科学领域,必须给"信息"一词赋予某些特定含义。回首三个世纪前,当时物理学的发展已经到了难以突破的地步,但随着艾萨克·牛顿将一些古老但意义模糊的词(力、质量、运动,甚至时间)赋予新的含义,物理学的新时代开始了。牛顿把这些术语加以量化,以便能够放在数学方程中使用。而在此之前,"motion"(运动)一词的含义就与信息一样含混不清。对于当时遵循亚里士多德学说的人们而言,运动可以指代极其广泛的现象:桃子成熟、石头落地、孩童成长、尸体腐烂……但这样,它的含义就太过丰富了。只有将其中绝大多数的运动类型摒弃,牛顿运动定律才能适用,科学革命也才能继续推进。到了 19 世纪,"energy"(能)一词也开始经历相似的转变过程:自然哲学家选取这个原本用来表示生动有力或强度的词,使之数学化,从而赋予它在物理学家自然观中的基础地位。信息这个词也不例外,它也需要一次提炼。①

尽管可以被称为信息的现象随处可见,可是进入人们对其进行理性

① [美]詹姆斯·格雷克.信息简史[M].高博译.北京:人民邮电出版社,2013:5.

思考的理论视域，还需要一个缓慢的过程。在 20 世纪前，还没有一个词能够概括所有这些被视为现象存在的东西。

在《信息简史》一书中，詹姆斯·格雷克仔细研究了"信息"一词的详细来历，并进行了卓有成效的充满哲思的阐释。据他的研究，早在 16 世纪，托马斯·埃利奥特认为："现在'intelligence'作为一个文雅的说法，用来表示通过相互交换信件或口信达成协议或约定。""香农在 1939 年写给麻省理工学院万内瓦尔·布什的一封信中写道：时断时续地，我一直在研究传递信息（intelligence）的一般系统的某些基本属性。""intelligence"一词在形成的过程中有着悠久的词源历史，语义丰富，语境过于宽泛，是一个人人都可以用但没有特指的日常语言。

当贝尔电话实验室的工程师开始使用"information"一词时，这个词便有了被技术性概念指征的意味，如信息可以以数量、测量等形式存在并进入科学的视野。在众多的可以用于描述该现象的词汇中，香农采纳了这个词来表示对信息的界定和理解。

当对信息加以简化、精炼并用比特进行度量后，人们发现，比特是另一种可以作为比粒子更微小的物性存在。它不仅比传统物质观中的粒子更微小且更具不可分割性，而且抽象地存在于一个个二进制数字、一个个触发器、一个个是或否的判断里。它们虽然看不见、摸不着，却能体现物质的构成与存在的方式。透过这些字节，可以形成对物质结构的编码，计算它们的排列与组合，进而让这些物质结构的存在以代码的方式呈现出来，并且可以被计算机接收与处理。把一切存在还原到计算机可接收与处理的世界中，物质结构的呈现就存在于由一个个字节编译而成的世界里。

现如今，我们可以透过信息这列时代的狂奔列车，强烈感受到信息俨然成为这个时代所仰赖的"血液、食物和生命力"。信息处理、信息存储以及信息检索等技术的应运而生，使得世界变得可量化、可复制、可追踪。信息时代呼之欲出，它是继人类工业革命之后的又一时代欢呼。"人类曾经以采集食物为生，而如今他们重新要以采集信息为生，尽管这看上去有点不和谐。马歇尔·麦克卢汉在 1964 年如此评论道。"[1]

在对信息进行比特度量后，人们发现信息简直重新构筑了他们对物质世界的理解。这在自然科学发展的早期，是不可思议和难以想象的。在那个时代，对物理学家、生物学家等科学家们来说，信息简直属于另一个平行宇宙、另一个灵魂世界，是星外世界的神秘力量，它与这个试图研究由物质、能量、粒子和力构成的世界并无关联。了解分子运动速度和轨迹，是早期自然科学的任务。但是没有想到，早期需要完成的这些任务，正是日后信息所要达成的目标。因为这些任务可以通过计算来完成对研究对象的量化并发现规律。

从信息在生物学中的应用，我们可以看到人们认知方式的转变。以细菌为例，一个细菌所包含的信息量极为惊人，高达 10^{13} 比特量级。在染色体的某处，隐藏着一套指令集，也就是基因组。基因组如同一份详尽的"目录"，即使没有包含成年生物体的全部信息，至少也包含了成年生物体的大部分信息。基因是每个生命体独一无二的生物密码，这些密码之间是离散的物理实体，还是它们之间会有重叠？密码之间是相互独立的"信源"，还是它们之间会存在相互影响？基因的数量又有多少？尽管这些问题当时没有答案，但是不妨碍得出一个结果：生物学的研究，从考虑能量变成信息化的考虑。代码的数量及相互之间的关系，代码间不同的排列组合形成的差异，正是每个生命体独一无二的生命特征所在，而这种生命体特征的揭示无疑要转化为计算的任务。因此，DNA 的双螺旋结构很快成了一种象征符号。在每条长链上，碱基序列看上去都无规律可循，任何一种序列皆有可能出现。而大量不同的排列方式，也就意味着大量可能的信息。因此，这种精确的序列就是承载遗传信息的编码。用计算机处理方式的量化思维，再现并还原生物体的物质结构，是一种认知手段的变革，带来了对物质结构理解的颠覆。编码是计算机语言和术语，它把这种认知方式嵌入对物质结构的理解之中。为此，物质结构的发现与

---

① ［美］詹姆斯·格雷克.信息简史［M］.高博译.北京：人民邮电出版社,2013:5.

计算机编码就有了统一性。也就是说,传统的物质结构的发现,都可以借助计算机的计算方式得以更为精准地揭示。这个被称为"编码"的术语,在信息化时代已经不再是一种比喻的意义。

在信息论视角下,生物学成为一门研究指令、编码及编码交换的信息科学。人体本身是一台信息处理器,基因封装信息,记忆不仅存储在大脑里,也存储在每一个细胞中。DNA技术是信息化标识生物特征的典型代表,是用信息化标示个体生命存在的方式。信息标示着生命主体的特征,DNA是世界上独特存在的标识编码,人们对DNA认知的转变实际上意味着完成了对生命体界定方式的转变。进化生物学家理查德·道金斯认为:"处于所有生物核心的不是火,不是热气,也不是所谓的生命火花,而是信息、字词以及指令……如果你想了解生命,就别去研究那些生机勃勃、动来动去的原生质了,从信息技术的角度想想吧。"[①]生物体中的所有细胞作为一个错综复杂的生命体交换网络中的节点,它们在不停地进行编码和解码,信息就体现为一种代码间交换的过程。

生命体进化的过程在信息的视角下尚且如此,那么物理世界的物质存在更是如此。货币逐渐从实体转化为用信息表达的量化标识,货币本身代表着一种交换信息,每一次的交换过程都被这个高度抽象的符号——货币所记录。货币本身不是物,而是记录交换信息的载体,而货币在交换的过程中更是在不断传递各种信息。货币容易被人直观地认为是一种物质财富,但无论是贝壳、纸币,还是信用卡,抑或是取消货币形式的各类支付码,它们都只不过是用于记录交换信息的介质,传递着谁曾经拥有过什么信息。将货币进一步缩略为计算机上可储存的信息时,这就使世界金融的运转可以在全球网络上畅通无阻、运行自如。如此一来,经济学也可以看作关于计算和量化的信息科学。

信息科学在很大程度上等同于计算科学,其底层逻辑架构基于数学理论。信息把计算能力拓展运用至各个学科,然后又延伸到了各个领域。

---

① ［美］詹姆斯·格雷克.信息简史［M］.高博译.北京:人民邮电出版社,2013:5.

计算能力是对信息能力的考验或者说是一种度量,信息本身就是计算科学,它将所有学科都还原为一种共识:每个学科的科学任务与目标不过是解析研究对象所包含的各种信息,而这种信息又是可以通过计算的代码去还原与重构的。科学发现过程由此就变成了一项对研究对象开展信息解码的过程。从信息科学的视角来看,各种研究对象、客体不过是由成千上万难以计量的信息编码组成,研究客体封存了无数有待破解的密码,是有待科学技术认知的对象。信息交换本身代表着世界万物生命能量在不同作用体之间产生、交换、更迭与运转的过程。

信息带来的变革力量在于改变了对科学研究内容的认知和理解方式。在信息视角下,所有研究对象本质上都可被视作能够量化的信息载体。每个学科在信息技术还原下,都有了全新的方法论,实现了对研究对象本体论认知的颠覆。从这一视角出发,世界万物进化的本质就是事物在各种系统内部或体系之间进行持续不断的信息交换过程。

信息实现了对物质世界的技术还原,从而在某种层面上实现了对物质本身的建构。信息具有强大的拆解能力和重构能力,能够创造出我们不熟悉的新事物,不断刷新人们的认知。信息渗透到各个科学领域,改变着每个学科的传统认知与面貌。信息改变了许多学科在认知与思考时的底层思维。从信息理论的视角来看,所有学科的研究方法,都变得殊途同归。

渐渐地,物理世界和信息世界有了叠合与统一的基础。比特是另一种类型的基本粒子,它不仅微小,而且似乎具有不可再分的特性。信息是表征物质本身,还是代表物质的度量单位?信息通过它自身的发展过程对此做出深度回应。它通过技术上的度量方式,还原现实中的存在,尽可能把自然语言转换为可技术处理的机器语言,用于人与世界之间的对话与连接。它抽象地存在于每个"是"或"否"的判断里,从而实现着对世界的编码。它看不见、摸不着,但当科学家最终开始理解信息时,他们好奇信息是否才是真正基本的东西,甚至比物质本身更基本。因为通过它,可以实现对物质结构的拆解与发现。万事万物,不过是各种未知信息的集合，而我们的认知不过是探寻与破解这些被封存的信息的过程。信息使我们看待物质世界本身的角度进一步微观化，科学技术需要这种探寻精神，以还原事物的本质及微观结构。科学发现物质结构的最终目的，是用于物质结构的重组与再造，创造出新的物质结构，即新的物质。信息加速了这种微观结构探索的节奏，催生出新的科学发现视角。

在信息科学看来，发现事物的本质，其实就是发现事物结构之间交换的符号密码。比特便是我们认知世界的最小单位与符号。这与中国古代易经思想中"爻"的概念是一样的，回归到利用最小符号还原复杂世界的思维方式，并且这种最小符号呈现的物性结构又是便于演绎与计算的。因此，在信息科学看来，比特是认知世界不可再分的最小符号单位，而信息则是表达与呈现万事万物结构化存在本质的方式。信息是一种思维方式，它变换成另一种方式来看待事物的本质与属性。一切事物在抽象掉其表现形式、介质与中间环节后，最终不过表明谁拥有怎样的信息。我们拥有并非物质本身，而是标示存在且可被认知的符号。我们人类的认知任务就是观察这些符号在不同生命体之间是如何交换与传递的。

对此，物理学家约翰·阿奇博尔德·惠勒用了一句颇具神谕意味的句子加以概括："万物源自比特"。"任何事物——任何粒子、任何力场，甚至时空连续本身"[①]都源于信息。我们与世界的关联不过是各类信息场之间的交换，包括我们人类自身在内的各类生命体，每时每刻都在处理与交换各类信息。当我们能接收、处理、发射各类信息并且能自由游走在各类信息之间打通它们的关联时，整个愈发清晰的知识图谱、世界图谱便呈现在我们面前。世界万事万物本就是一个整体，其关联性与贯通性正是人类探索的对象。当能够打通每个事物存在的壁垒，建立起它们之间的关联时，就意味着人类认识能力与水平的提高。事物自身包含着组织有序的信息排列，长期以来我们称其为规律。而现在，正是通过信息来计算这些排列规律。如此看来，整个宇宙都可以看作一台巨大的信息处理器。

---

① ［美］詹姆斯·格雷克. 信息简史［M］. 高博译. 北京：人民邮电出版社，2013：6.

信息是"物质的",它不同于自然法则中的物质过程,却是探寻这些物质的更高层级的运行过程。信息不仅改变了我们对事物认知的路线,更是建构与改造世界的主力军,它极力描摹与还原现实中的一切,恨不得将现实世界中的一举一动都收入囊中。"信息"一词成为一个时代对事物的本质及认知路线、技术路线的统称。它既是本体论意义上的存在,更是包含了认识论中技术与思维的技术路线,是一个哲学与技术双重意义上的语义与词汇。科学家揭开了信息的面纱,并利用它揭开了世界的面纱;哲学家则在界定它的存在与身份乃至限度,不断深化对其本质的理解。信息是人类认知能力与水平进化到一个重要历史阶段的标志,它可以标示出与工业化时代的区分,是技术与生命在智能时代的拥抱。它是现代性发展高峰的显现,是数字话语时代的确立,是技术时代人类生存境遇的反转,是人类思维认知的颠覆。总之,"信息"一词具有时代标志性的意味,它包含的意义太多,尽管它在现时代被人认为是普遍而广泛的存在。

二 信息是方法论的呈现

信息技术建立了数字化世界。信息在当代的含义,是指通过计算机等基本工具构建起来的认知世界。计算机的诞生使人们必须借助其编码程序来探索世界。正是计算机帮助人与世界之间进行互动、实现能量交换,使得信息有了与传统社会完全不同意味的断代史意义。由此,信息越来越擅长透过自己的方法体系,把自身具象化为一种工具,改变人们的认知观,进而形成对世界独特的解说体系。我们可以通过审视方法路径,来看信息是如何建构和改变世界的。

科学的特征在于需要明确每个研究对象的边界,由此才能成为一个独立的学科门类。而孕育与孵化这种学科独立自我意识的前提与基础,恰恰是多学科共同努力与融合的结果。起初,信息作为一门独立学科的边界与自我意识并不清晰,甚至在多学科的边缘上游走,时而清晰,时而混沌。这需要各学科的共同努力,才能使信息作为独立学科的科学独特性逐渐显露。

符号是信息的自然属性。文字的诞生,不仅保留了符号的认知属性,更是让人的逻辑与语序表达有了充分的载体,使之具有律动性,使意识逻辑的外化有了载体。文字作为一种外化于人的技术和技能,人们需要经过学习才能掌握这种特殊技能。当然,把语言、文字再次装入机器中,使之纳入科学视野,人类历经数千年才将这种把语言表达成符号系统的能力内化为第二天性。语言不是一种技术,无论多么成熟、多么发达的语言都不能被视作心外之物,因为语言是心智本身的功能,是处于社会群体中的人具有的先天习得性的心智。语言是无需借助外在的训练就拥有的人的心智之物。因此,语言是源自心智向外呈现的心智能力,是人区别于其他动物所拥有的高级灵智本能,也是人类具有高级灵智的标志。机器可以接收与处理符号,而最终攻克的目标就是达到语言所代表的灵智性。信息发展的高级阶段就是希望通过编码模拟人的意识的内在性神经网络。

任何电路都可以由一套表达式来表示,然后在其中运用算法。香农认为表达式里只需要两个数——0 和 1,0 代表闭合电路,对应关、否、假;1 代表断开电路,对应开、是、真。串联电路对应逻辑联结词"与",而并联电路则代表"或"。使用继电器可以进行复杂的数字运算。文字的发明一度催化了逻辑学的发展,因为文字使得对于逻辑推理的分析成为可能,借助文字的稳固形式,严谨思维的延展过程能够呈现在人们眼前,供人反复审视。而许多世纪之后,随着人类发明了能够操作符号的机器,逻辑学再度被赋予新的活力。在逻辑学和数学这两种推理的最高形式中,一切似乎都开始相互融合。

信息的本源是符号体系,信息在纳入机器进行处理时,则需要借助计算逻辑的见解方法,诺伯特·维纳的研究经历可以说明这一点。控制论,作为一个科学领域的新创词、一个日后的热门词、一块全新的研究领域,尤其作为一场将来的哲学运动,是由维纳这位聪明过人又锋芒毕露的思想家凭一己之力构想出来的。维纳年少成名,十四岁便登上了《纽约时报》的头版。维纳从美国塔夫茨学院数学专业本科毕业后，先后到哈佛大学研究生院（动物学专业）和康奈尔大学（哲学专业）深造。维纳在回到哈佛大学取得博士学位后，又前往英国剑桥大学师从罗素，研究符号逻辑和《数学原理》。维纳从 1919 年开始在麻省理工学院执教，1936 年香农到麻省理工学院深造时还上过维纳的数学课。

维纳认为自己首先是个哲学家，甚至从火控系统的研究中，他也得出关于目的和行为的哲学结论。相较于计算兴起本身，维纳对于计算给人类带来的可能影响更感兴趣。他深切关注机器之外的影响，甚至说，这些机器形成的控制系统，在多大程度上能够给人带来影响，并且这种影响是给人带来福祉还是破坏。他关注如精神失调、机械假体，以及智能机器的兴起可能引致的社会失序等问题。

在不同的研究者中，香农把自己视为数学家和工程师。最初，在香农的理解框架下，通信的基本问题是如何在一点或某点获取另一点的信息。他把信息在传递的本义上进一步和通信关联了起来，这就使得信息在跳脱符号的原始意义后，在通信的功能上延伸了自己的内涵。

与此同时，科学家们还注意到，点与点之间信息的获取，也促使信息理论家进一步研究所谓的"再编码"：将信息拼凑成越来越大的组块，比如将电报的点和划凑成字母，字母又凑成单词，单词再凑成短句。这种语言的再编码，正是信息思考过程的核心关键。

图灵认为，数字计算机包括三个部分：一个"信息仓库"，相当于人类计算员的记忆或纸张；一个"执行单元"，负责完成一个个操作；一个"控制器"，管理一个指令列表，确保各指令按照正确顺序被执行。这些指令被编码成数，它们有时被称为一个"程序"，而构建这样一个列表的工作通常被称为"编程"。机器从 0、1 和继电器出发，编织机器逻辑与机器语言，使这种编码能与现实语言所指代的事物形成契合。

英国理性主义者伯特兰·罗素和艾尔弗雷德·诺思·怀特海通过逻辑学和数学的相互促进与共同作用，创建出一个由公理、符号、公式和证明构成的体系。他们认为，似乎可以企及某种完美——达到一种严格的、形式上的确定性。《数学原理》的目标正是要使一切的数学都臻于完美。在他们看来,通过符号逻辑这一工具,借助其棱角分明的符号和无可商榷的规划,每一个数学事实都是可以证明的。符号主义认为对于逻辑学中高度抽象的过程和思想,以及成串的推理,符号带来的完美的精确表达是可能的,完美的推理可以通过对思维的完美编码来实现。

在信息论中形成的各种概念和度量方法,使得我们能够对其中一些问题加以量化分析。该理论给我们提供了一把量尺,借此我们可以衡量一切对象。在理解信息与人的主客体关系时,弗雷德里克·亚当斯写道:"在那些接受信息转向的人看来,信息是形成心智的基本要素,信息必然促成了心智的起源。"[①]心理学家则认为,外部世界应当视为信源,而人的心智是接收万事万物的接收器,没有了人对信息的捕捉、把握和判断,信息仍是孤立的客体。

正是由于编码可实现对复杂世界的还原度越来越高,那么通信的意义不仅仅满足于点对点之间声音、符号的传递,它还要实现更大范围与程度的人与人之间的连接。不仅要实现人与计算机个体之间的交互,还要透过更大的互联技术,把世界范围内的人、物都进行关联。在通信的意义上,通信技术把计算机与通信结合起来,信息又完成了它新的飞跃,这就是互联网的诞生。互联网的诞生,正是突出强化了信息当中的关联意义,把世界连接在一起。

互联网的诞生,不仅实现了传统通信中点对点的信息获取与传递,更是实现了各类"素材"的无缝传播,催生了信息的大量繁殖和衍化。由于世界互联互通,知识不再束之高阁,而是成为众人可以接收的东西。在这个知识、信息爆炸的时代,信息所呈现的表象越来越复杂和庞杂,甚至可以说这是一个信息失序的世界,巨量的资讯向人们扑面而来。信息的重要性,源于最初人们对获取与查找事实和真相的困难。"获取事实的代价曾经非常昂贵,现如今则已十分廉价。"[②]现如今,我们已经可以清晰地认

---

①　[美]詹姆斯·格雷克. 信息简史[M]. 高博译. 北京:人民邮电出版社,2013:255.

②　[美]詹姆斯·格雷克. 信息简史[M]. 高博译. 北京:人民邮电出版社,2013:401.

识到,信息是我们这个世界运行所依赖的生命力和动力。信息技术以它强大的生产与处理能力,不断制造出巨量级的信息产品与结果,以它的能量制造出庞大无边的信息海洋。信息的过载或过量,同样引发人们的焦虑与困惑。与此同时,信息的层级体系与复杂性也建构起来,信息不再只是具有符号、传递、通信这些最初的意义与功能,而是不断升级、完善,构建起自己的体系王国。

在这个充满层级的体系王国里,数据成了最基本的原料。任何我们曾引以为豪的图片、文字、影像、表格、数字,甚至我们的言行本身,在信息化的体系里,都成了最基础的数据,即可以被计算机系统批量处理的素材。

信息的技术驱动本能试图将对一切事物的认知还原为计算机可以处理的数字代码,并力图从数据海洋中找到一种统摄性的力量与规律。信息在技术层面上为世界构建了一个数字化体系。从各类原生数据的获取,到数据蓝海的形成,有了大量的数据作为基础,就会产生运用大数据进行计算与预判的内在需求。"大数据"是一个时代产生的名词与产物,在信息体系王国里是一个基于数据蓝海基础底座之上的上升层级。"大"既是对信息难以量化的形象描述,同时也是一个对程度规模高度抽象的标识,意味着数据规模庞大与繁杂到了难以描摹的程度。大数据的出现,表明我们的时代已经进入一个数据收集、处理、加工等规模大到人类已经无法在既定时间内完成的历史阶段。数据产生的无穷尽,数据存在的无边界,使人无法控制由自身创造出来却反制其身的数据环境。信息革命带来的技术变革,使数字化计算成为控制世界的力量。

大数据思维,是信息化时代形成的思维图景与现实景观,它彻底改变了人们的思维模式和知识形态。对于自然科学研究范式,著名数据库专家吉姆·格雷(Jim Gray)认为,先前已经有过三种不同的科学研究范式,分别是实验的(Empirical)、理论的(Theoretical)和计算的(Computational)。这些见微知著、以小见大,通过抽样个体进行试验从而检验真理的模式,是以有限的样本去测试和推算现实中的无限,从有限之中演绎从而判断无限世界的科学方法论。如今,信息革命的发生使人类具备广泛收集数据的能力,也构建起数据全景模式。科学研究可以借助全景模式去把控世界,试图依据数据直观构建起能够通过数据进行计算和把握的理性世界。这种全景数据思维,主要呈现如下几种特征:首先,形成了以总体数据取代随机样本的"全数据模式";其次,强调混杂性优于精确性,宏观掌控高于微观细查;最后,因果关系让位于相关关系。我们不再通过个体样本考察事物的因果性,而是凭借事物相关性进行趋势预测,判断事物发展的流向。这促使人类科学研究放弃对事物线性因果链的考察,转而通过事物链式相关性建立起世界的关联。平行相关关系可以无限拓展某一个点,直至某个点的自中心地位消失。由此带来的大量平行相关事物间的链接,使得巨量数据扑面而来,呈散射状爆炸性增长。

　　就认知方式而言,大数据时代最大的转变是我们放弃了对因果关系的渴求,取而代之的是对社会各类关系的关注。这也意味着,以往阻隔在各种维度、各个行业领域,分属于不同管辖的数据,现在都可以透过大数据的抓取和关联,呈现出同一事物的多重维度。例如,大数据能让一个人在数据面前变得全面且透明,大数据可以捕捉人的选择并据此进行相关推送。也就是说,在大数据时代,我们只要知道"有什么",而无需知道"为什么"。

　　平行相关性是信息对事物进行组织的方法逻辑。平行性与相关性成了构建空间关系的逻辑基础,信息能够跨越现实的地域空间,建立起可以统合现实与虚拟世界的信息化空间。在这个虚拟空间中,信息以技术化的方式重新编织人与人、人与社会之间的关系。或者说,人与人、人与社会、人与世界之间的关系,都在信息技术手段的作用下得以重现。这种空间的原则与规则往往是改变现实生活与现实世界的力量。而这种规则是一种不动声色、让人毫无察觉但又必须被所有人接受的改变。在当下的元宇宙建构中,更是数字世界对现实世界的进一步仿生和模拟,可以在虚拟世界中完成对现实世界的模拟、拟人化、还原与再造。我们知道,空间的本质是关系,正因为关系的编织,才使得空间具有存在性,空间并非虚无。在信息化的模式下,空间的质与量、空间的存在状态,取决于技术编织关系的程度与复杂性。

"香农的理论在信息与不确定性、信息与熵,以及信息与混沌之间架起了桥梁"[①],信息在探寻有限与无限、已知与未知之间也架起了一座桥梁。它为世界提供了一个基本的测量尺度,提供了一种界定方式,把丰富多彩的物理现象统一抽象并还原为一种技术尺度,并且这种技术尺度是便于计算与再演绎的。信息并非物质,却是方便对事物进行定义与计量的基础。"它的出现最终引发了光盘和传真机、电脑和网络、摩尔定律以及世界各地硅谷的诞生。"[②]这些都增强了人们之间的联系及交流的便捷性,能实现不同空间下人们在时间上的同在与共在。技术的突破打破了空间带来的隔阂,使囿于各地域空间的人们拥有了由信息技术打造的、可以远程即时通信的共域在场环境。信息生成了人与人之间联系与交往的新物理空间。而这种人与人之间、人与物之间、物与物之间信息交换频率的大幅提升,明显改变了世界交换与代谢的速度。时间的迫切性与空间的扩张性,是人们对现代性时空观的进一步要求与约束。信息技术带来的快速达成性,进一步增强了人们对地域空间的掌控能力。人们处在任何一个位置,都可以实现对另一端空间的探寻。

我们可以看到,信息的发展从作为其形成源头的符号,到如今能够以一种技术化手段成为组织和建构世界的力量,有着自身强大的方法论逻辑与体系。信息改变了人们对物质的认知与理解方式,形成了人们新的世界观,而形成这种世界观的力量离不开信息革命中每一次技术浪潮的推动。每一次技术变革都是新的世界观更新的过程,每一次更新过程中又蕴含着新的技术方法论思路。因此,物质观的形成与技术作为方法论的呈现是一种相生相长的辩证关系。这种具有方法论意义的变革成为推动现实生产力发展的力量。

信息在现代性中作为技术手段的显化,其形成与发展离不开数学与

---

① [美]詹姆斯·格雷克. 信息简史[M]. 高博译. 北京:人民邮电出版社,2013:5.
② [美]詹姆斯·格雷克. 信息简史[M]. 高博译. 北京:人民邮电出版社,2013:5.

逻辑学的融合与促进。甚至可以说,数学与逻辑学在信息科学的形成与发展过程中发挥了至关重要的作用,具有无可争辩的奠基性意义。没有算法与算力,信息技术寸步难行;没有信息技术的发展,算法与算力也不会形成独立发展的力量。数学、逻辑学与信息科学有着密不可分的关联。那么,为什么不是数学,而是信息科学能够成为集合现代科学与技术发展的超越性力量和反构的力量呢?这是一个十分有趣且具有思考性的话题。这必然是信息科学方法论独特性彰显出来的力量发挥了积极而特殊的作用。信息是一种结构化的思维与构建,通过结构化的集合方式,将思维、意识、方法等要素封装在一个个由结构化构建出来的世界里。每一个结构化的呈现,可以独立成为具有商品属性的产品,也可以构成组装其他产品或事物的组成部件。正是这一个个结构化(方式、产品)的形成,搭建起整个世界的面貌。或者说,当今世界的组成与显现,就是由这些无数的构件组成的。因此,信息是一种具有结构化、组织化意味的方法论力量,它超越任何一个单独学科作为分支的贡献,而把所有这些分支贡献整合成一种集中和集体的力量。这种方法论具有极强的组织性和聚合性,不是单独的工具或方法,而是结构化的思维、意识、工具的聚合形成了多维的方法论体系。

三 信息是现代空间重构

如果说有什么力量能使这个世界变得立体而灵动,将过去因地域阻隔而难以企及的地理世界,变为一个能够展示不同层次与角度、具有无限丰富层级的多极世界,那么这个力量一定是信息。如果试图理解信息的存在方式,那么答案一定是空间化的存在形态。空间作为信息展现自身、进行量化布局的载体,已经成为信息最具可感性的技术存在与社会存在方式。信息化建构的不仅是空间的存在形态,更是越来越深入的空间的观念。

信息,作为一个处于持续进化进程中的概念体系,同时也是一个不断自我丰富与完善的开放式体系架构。信息的本源可能只是符号世界的呈现，尔后借助多样化的手段实现更大范围的传播以及更充分地表达自身，这就突显出通信的技术意义。通信设备一步步实现了人们的理想，从电报、电话、传真机再到计算机的产生与迭代，符号的演化在人类思维与智慧的作用下，不断得到社会与历史的推动。如果说通信帮助人们实现了人与人之间的交流与互动，那么它还只是实现了通信的价值，方便了人们之间的沟通，在人与人之间建立起关联。对于人们来说，通信工具还只是一种外在的功能性辅助工具。当通信的意义与功能需要突破时空限制，将更大地域乃至全球的人都连接在一个由信息建构的网络中时，全球标准化时间的使用明确体现了世界技术化的特性，实现了跨越地域的即时通信，这便是信息时代的标志。从信息与空间关系发展的历程来看，信息技术的发展史实际上就是人类想方设法突破地域阻碍，不断加强与外界的交互性，提高信息获取能力的历史。

现代信息技术使人类从过去以交通运输为基础的活动空间，转向以网络传输为基础的新的虚拟活动空间。这种活动空间的变化，意味着人类基本活动范围的转变。曼纽尔·卡斯特尔认为，网络能够改变时间和空间的物质基础，构建出一个"流的空间"。信息技术实现了对传统物质时空的拓展，当代人对时空的感知实际上是技术的产物。信息技术既拓展了世界的地域空间，又创造出了更为丰富的虚拟空间。

时间和空间是人类生存的社会维度。时间与空间不依赖于人的主观意志而存在，却内化于人类物质生产与社会生活之中，成为人们的观念与感知。时间和空间是我们认知世界的介质与维度，是连接我们感知能力、认知能力、实践能力与世界的坐标。与此同时，对时空的感知也与不同地域下人们的社会实践能力相关联。我们可以看到，在不同地理环境下，不同的文化之间，都保留着许多独具特色、依环境而成的生产方式或社会时空观念，这都表明在各自地域里，人们对时空的观感与主张是不同的。这也是时间观念具有社会性的另一个重要体现。

时空不仅具有自然属性，更具有社会属性，这就为我们理解人类的社会活动提供了可理解与认知的基础和前提。时空被纳入社会生活,构成了人类群居生活所遵循的共同规范和生存基础,并进而被引入社会规范之中。时间构成了共同生产劳作的计量标准。空间因地理、区域的差异,使生活在其中的人们形成了不同的生存方式、地域观念、礼仪风化和生活习惯。在不同空间下,人们对时间的理解和感受是不同的。我们不能用同一种时空尺度,去要求不同地域的人们保持相同的生产与生活频率,要求他们具有相同的时空感受。事实上,整齐划一的时空观念,在传统社会中不同地域之间,是根本不存在的。人们可以依据自己的地域主张,固守各自地域下的时空观念。"共时态比较的结果被依照历时态进行排列,形成了整体历史发展水平上的发展的阶梯,这种阶梯依据把某些民族的现在筹划为另一些民族的将来而定义'进步',在这种意义上,这些历史就是现代化的进程。因此,他们的确是在同质化。"①正因为如此,我们要表达的其实是对不同历史文化的尊重与理解。所以,在进入现代性之前,人们依然可以依据各自的社会实践与内心感受,独立主张属于自己的时间与空间,拥有那些零散的,但却是属于自我的时空感受。我们也因此可以理解在不同的社会文化下,为何会培养出完全不同的时空感受。

现代性的开启,打破了这种传统的时空观念。时空一旦被纳入社会化生产中,便开启了以其为根本的现代化大门,传统固守的时空边界必然被现代世界打破。空间作为包容万物生长的容器,无论在物理的天体学领域,还是作为形而上学的概念,它都是最先传达给人们的观念,并且是最直观的感受和理解。自传统社会以来,在人们的认知中,空间的直观意义首先大于人们对时间意义的认知与理解。空间价值的最初表现为对地域空间直接占有。通过武力、战争等手段,实现对某一个地域空间的直接占有,意味着对自然的征服与支配,表明一个群体对另一个群体的征服,更意味着对各类物质财富的据为己有。既然地域空间是一个既定的客观存在事实,那么对于自然的征服就是人类解放的一个必要条件和社会发

---

① [英]彼得·奥斯本.时间的政治——现代性与先锋[M].王志宏译.北京:商务印书馆,2004:34.

展的不竭动力源泉。现代主义思想也不例外,对空间进行更加理性安排成了现代性规划的一个组成部分,这意味着传统意义上对自然的征服。过去,一切被神谕的事物,如今也能通过人类自己的理智去发现与思考。环球航行的地理发现使得地理知识剥去了一切幻想的和宗教信仰的因素,从而逐步实现了对空间及其现象进行管理与控制的想法,并采取了相应举措。空间被赋予商品的价值,空间能够在现代性的社会价值体系中率先具备和时间同样具有竞争性的价值。

空间具有价值的这种意识,随着地理上的迁徙以及新大陆的发现,在人们的社会生活中变得越来越强烈。文艺复兴以来,各种新制式地图的出现,在客观性、实用性和功能性等方面不断呈现出来的特质,给善于发现世界本来面貌的人们带来耳目一新的启发。由此,在一个商品意识愈加浓郁的社会氛围里,人们发现,地理知识的运用是一件越来越具有价值的事情。这当然隐含着社会对于空间价值的探索以及人们对空间价值的期盼。因为大到国家领土的空间主权,小到个体对房屋、土地权利的主张,都离不开对空间价值的认知与再发现。地图在勘测、探明未知地域等方面的作用,能够帮助空间权利归属的确认。探测技术的发展、测量精准程度的提高,都是对于空间价值权属利益的肯定和确认。空间客观性的发现与地理知识的高度结合与运用,都成了一项有价值属性和政治意义的事物。因为地球遥感系统精确度的确立、运输通道权利的争夺、土地产权的确定、政治边界的划分等,在政治和经济层面都是绝对必要的。

相较于空间而言,时间表现为在每个时空下人们各自的体验和生命刻度,并不体现为具有可继承性和可转移性的物质财富。在纳入现代性时空观念之前,无论是在横向的不同社会文化之间,还是在纵向的传统社会生产方式中,对时间的利用,都伴随着各自的社会观念和生产方式的形成。时间对于民族、国家、个体而言,并没有统一的均质性要求,各地域的人们都是按照自己的文化习俗与劳作习惯,固守着自己对时间的感知和时间所具有的社会功用。

工业化时代开启的现代性,打破了这种散落于各地域的时间观念。

时间被纳入生产经营的统一运营体系之中,形成了统一的外在劳动尺度与价值尺度,并作用于每一个人。一切生产生活都要与时间相契合。时间是一切生产的总控因素,一切生产都在时间的布局下展开,同时又是生产过程中努力压缩与控制的对象。在现代经济体系中,时间这一要素被纳入对商品价值的衡量范畴,同时它也成为现代性社会化大生产中各方竞相通过技术提升来竭力压缩的重要对象。工业化大生产率先在时间领域进行要素分解,使每个要素、每个动作、每个环节、每个维度都适合工业化生产体系对时间的要求。时间既是一个总体概念,是一切生产为之追逐的总体目标和神经中枢,更可以分身无数,化为生产体系中能够牵动整个生产神经与细胞的每个生产环节的标尺。时间成为现代商品价值形成的必然尺度。对时间的控制,就意味着对各项成本的压缩,意味着效率的提升。"效率"一词是被现代性时间管理体系开发出来的概念。为了实现对时间的规划,现代性更是催生出了现代管理体系,使得社会各个环节都需要有专门用于描述时间性状的名词与之对应,如效率、生产率等,这些概念不一而足,并且通过不同的概念来描述这些环节间的关系。可以说,现代管理的概念体系,都是围绕时间这个竞争尺度而内在展开的。时间复杂化了庞大的生产链条,催生了现代管理制度的形成。这一切都是以时间为核心的,时间成了复杂生产体系中的"元概念"。价值的形成、财富的实现、资本的积累,都需要在时间这个共同尺度中完成并实现。时间在现代性通行的世界范围内具有了共同尺度,每天 24 小时,对所有的劳动生产、经营交易,都具有了一致性且具有强制性的准则。所有财富的竞争性关系的演化,都是在时间同一尺度下争取价值最大化的过程。

人类社会实践活动中的时间,在引领人们的思想以及指引社会行动方面,具有总体性的观念,能产生扩大化的效应。时间连接着过去、当下、未来,总是能够在精神与行动上将人类文明指引到一个更美好的阶段。时间包含着积累,包含着对当下未尽之事的化解,包含着未来的想象性动力。时间作为一维的线性存在,在观念上总是能够对一切事物进行包容并蓄。时间的总体性观念同样被现代性利用。时间不再是外在的对事物的观照,而是现代性所要努力改造的对象,现代性赋予时间以价值的维度。马克思创造性地把社会必要劳动时间纳入对生产的本质理解之中,使对现代性的理解与对资本的批判有了坚定的基础。时间成为衡量劳动价值的统一度量。更为重要的是这样一种同质的、普遍的时间概念,对于计时工资、生产效率、价值、成本、利率、社会平均利润率等来说具有重要意义。

在启蒙之前,传统宇宙观中时间和空间具有置身于人之外的绝对性和权威性,是人类难以突破的界标,因此在很大程度上也限制了人们的思想与社会行动。而现如今,对时间与空间在资本生产中的应用与拆解,使时间进入人们切实的生活与工作感受之中,量度着每个人的生存尺度。这种强烈的可以称之为每个人真实生存体验之感的时空感受,成为现代性发展最核心的动力之源。现代性的生产体系和社会运行体系必须牢牢奠定在时间与空间当代感知的基础上。

工业社会化大生产带来时间的内在化要求,使得现代资本积累的形成得以可能,这个工业化、资本化的过程实际上塑造了现代化的生产样式。规范化管理,城市大规模集中居住,基础设施的集中建设、规划与统筹,都以时间为轴心不断进行现代化的延伸与拓展,从而形成了稳固的生产体系和社会体系。商业、银行、簿记、贸易和土地集中管理在现代性的时空关联中走到了一起,共同构筑商业社会的物质财富。财富、权力、知识和资本的积累以及人们对时空的要求有了很强的关联。

在现代性中,工业化生产体系的建立,使得时间有了价值的刻度与意味,时间就是效率,效率意味着价值的产生。资本的发展使社会充满商品和价值的意识,凡是有利于资本生产的,一切皆可商品化,时空也不例外。时间既是现代性的原动力,更是一种强制,它把生产领域的逻辑成功复制到人们的社会生活领域中。资本带来的对时间周转的内在要求,使得生产技术、劳动过程都处在不断压缩的过程中。资本增殖的需求推动技术的发展,技术的不断发明与推陈出新又总是带着资本的使命,它们不断创造新的需求,不断调整与提高人们对需求的适应性。除了满足人们正常的生活必需品之外,所有技术的推陈出新和资本的鼓动,目的都在于创造新的需求,而不仅仅是维持和满足生活所需。因此,资本的幻象既包含对消费者的想象,又将这种想象运用于对生产的无节制扩张之中。

掌握了时间的精髓,空间的利用对于现代性而言便只是一种技术上的操作。我们可以看到,对于资本不断增殖的内驱性动力而言,资本的积累想要寻求更大的增殖,就需要在不同空间中对同一时间进行扩张与复制。资本的形成可以在时间的刻度中累积形成,但是时间的有限性与固定性,使得资本必须不断寻求空间的突破,在空间的效应下实现对时间带来的价值的叠加。正是因为地域空间的差异,可以引发资本在全球各地实现对于生产资料、劳动力成本控制、劳动过程、金融、市场等要素不同的决策。或者进一步说,正是因为人口、地理、文化等因素导致的地区发展不平衡,才使得我们能够利用地区间的空间差异来实现生产成本的控制。空间差异一方面带来不同的价值构成,利用空间价值的差异及不同,实现生产成本的均匀控制,都是资本生产给全球经济带来的便利和好处。另一方面,空间在全球范围内的不断开拓,能为资本生产过程和资本积累带来更为丰厚的回报。当然,资本寻求在全球范围内的空间铺陈与开拓,必然需要政治力量作为支撑。事实上,伴随着资本的扩张,贸易与货币政策在地缘政治、霸权主义、贸易保护等方面也变得越来越收紧,贸易摩擦与贸易壁垒形成的空间阻碍层出不穷,这就使得基于时间与空间的贸易决策与政治决策必须能够不断做出适应与调整,以便链接与生成更高层级的时空运用。

时间与空间,一旦被现代性开发与利用起来,其被利用的速度与规模便变得一发不可收。现代性为时间与空间的社会属性注入了新的历史理解,时间与空间则为现代性构建起运行与发展的基础性框架。在现代生产中,在现代性不断延伸自我的过程中,对时间与空间的利用与发展提出了更高的历史要求,有了内在的增长与扩张的不断要求。时空是现代性的生存基因,是现代性的安身立命以及为之努力抗争的目标,无论技术如何发展,都逃不脱这种现代性的时空格局。资本的制高点就在于对时空的双重把握与转换。时间产生劳动价值,空间产生资产价值,时间与空间在资本生产机制下被分别加以不同运用,把现代性的自我延展发挥到极致。

信息打造的是空间化模式,放大的是空间化效应,空间化成为信息自身打造的映射对象,也是显化信息存在的场域。并且,现代性的空间场域又与城市的社会结构和产业发展相连,与资本的空间置转相连。因此,正是在空间这个维度上,说明信息的技术属性在向社会属性转化的过程中明显彰显出社会张力。也就是说,信息越具有技术外化的特征与属性,我们越需要将其本质的界定拉回到其社会属性的理解范畴之下。信息的技术外在呈现,很容易令人坚信或强化信息在技术赛道上的意义与价值,而忽略了信息的本质是社会关系的编织与构成。正如马克思透过重重社会表象,在物的表象背后揭示出资本的本质是社会关系一样,信息的本质也是社会关系,这是在哲学视域下对信息的理解与探究后发现的最为深刻的历史洞察。

第二章　技术的浪潮

很少有人意识到,我们耳熟能详的"信息"一词,是在近代自然科学发展背景下逐渐形成的、兼具技术与哲学属性的双重概念,是一个在思想与技术双重进化下凝练出来的概念。我们越是能够从哲学的视角和高度去审视"信息"一词,越是能够看出信息是个丰富的概念体系,具有不断自我进化的特性以及丰富的理念层级。从这个概念体系中,我们可以看出:信息的技术逻辑表现为量化的逻辑,信息的技术外化是其不断结构化的过程,而信息的呈现则是空间化模态的塑造。信息既有技术的表征和外化,更有理念和思维方式的深层内核,从中我们可以看到其能动的进化过程,更能看到社会结构与这种变化相适应、相匹配的发展过程。一方面,信息自我进化的内驱力促进生产力的变革和发展,另一方面,社会发展的共同合力又促使信息能够集约整合各种资源、技术条件、思维架构,带动信息技术不断取得新突破,从而实现理念和技术的不断迭代。

信息是人的思维和语言的外化与延展。当人类把对自然与科学的思考不断演化为信息化的方式时,人便不断将自我的主体与本质力量投放到信息化的呈现之中。在这种模式下,信息的形成是人们思维能力的不断外化过程,人们寄希望于通过工具化的方式,能够使自己的思维得到不断地延伸。信息技术的发展史,同时也是社会发展史。我们可以看到,在过去的十年到二十年中,信息的每一次提升和突破都推动了社会在生产、经济、政治、文化各方面的更新发展。

在未来的十年二十年中,信息会不断达到新的技术巅峰。面对这种可预见的技术发展趋势,信息技术的发展目标是什么呢?信息技术发展的取向又是什么呢?我们认为,方向比技术本身更为重要。人们一直认为技术是一种独立于人的客观力量,是一种不被个体所左右的集合力量,是一种由竞争带来的能够引发社会相继进行变革的力量。然而,技术只是手段和工具,技术想要更好地发展,必须能够贴合人的价值取向,实现人的价值回归的目标,这对于未来几十年的发展至关重要。

一　量化的逻辑

近代启蒙思想的形成与发展无疑是现代科学的滥觞。科学的精神与勇气,在于人类敢于打破神学的束缚,凭借人自身能力来认知世界。理性被认为是一种引导我们去发现真理、确立真理和捍卫真理的独创性力量。正是理性被人类奉为认知世界的可靠力量,使得17世纪以后笛卡尔精神渗透了一切知识领域。当人们面对一个事物,试图去洞悉事物的本质时,就会发现人类官能的有限,而理性分析是自然赋予人认知世界,与世界建立关联的一根思维拐杖。有了这根拐杖,就能在纷繁的现象中摸索着前进,发现事物的规律。真理被认为是经过理性确证的可靠的认知力量,被认为是一切真实的确定性的种子和不可缺少的前提。理性不是知识、原理和真理的容器,而是一种引导理智集中于人类自身的能力,一种从自身能力出发去探知世界进而引导社会历史进步的力量。在理性引向科学范式建构的过程中,在面对多样性的探讨时,理性认为其中存在着由事物关联性带来的规律性,科学的认知就是需要探明这些规律的存在方式。人们之所以能够获得并形成各类知识,就在于理性具有分析和探知事物的能力,它能够通过分析的思维方法,分解一切简单或复杂的事实,从所有经验材料中,根据理性启示,继而建构符合人的认知模式的世界图景,一个真正的经过理性思维把握的整体。

在理性思维规制下建立起来的现代科学认为,只有经过理性思维把握后的事物规律,才是确切可靠并且行之有效的。科学的发展以理性为圭臬,近代学科的分化更强化了这种准则。"价值无涉"是从自然学科所谓的纯粹客体、主体之于客体的外部观察中反复锤炼出来的信条。在这种观点看来,保持客体的纯粹性是和客观性直接相关的。这种理性对于经验的"认识",就是从某一点出发,按某种恒定的、一般的规则把分解成分联系在一起,以此来确定各组成部分之间的相互关系。这些组成部分都需要还原为量的因素,才能通过同一数量单位推导出来。因此,知识的推论永远类似于一种还原,它从复杂到简单,从表面上的多样性达到构成这种多样性基础的同一性。在这样的理性方式下,实证主义学科开始兴起。自 20 世纪以来,随着控制论、计算主义、逻辑学的兴起和发展,一批科学先锋人士将计算相关系数、分析复杂概念之间的关联视为科学之举。这使得一些传统的学科逐渐打开了新的科学实验局面。这样做的结果是,定量、举证、系数、统计、模型等做法将方法论的合法性牢牢树立在学科基础之上。

对于现代学科而言,自然科学的学科特性也同时体现出它的方法论特征,它要运用理性的思维抽象出它的对象——一个研究客体,这就必须要对这个研究对象的边界有个清晰的划分。因此对科学研究对象的客观性要求就表现为对它采用描述方法,而描述则难以被一个统一的规则所界定,因为描述本身就是一种对事物的再现,这种再现能在多大程度上符合事物自身是需要厘定的。

在科学看来,描述和解释作为一种思维方式,必须有一个思维的起点,这个起点需受到一系列规则或准则的约束以考察其合理性,并以此来构建整体性的理论。为此,科学家们详细地探讨了"理论""定律"和"模型"在自然学科解释中的作用,分析了自然学科中解释的"模型语言"(数学、几何学和概率论),以及在这些基础上建构自然学科中的"描述模型"(观测、分类等)、"解释模型"(因果模型、时间模型、功能解释、系统分析等)。通过以上工作,科学家为自然学科的发展构建了一个科学化、理论化的方法论框架,真正把自然学科从早期的对具有特殊性的研究提升到对具有通则性的计量结构模型的研究,并奠定了方法论基础。

信息科学也秉承了量化的方式来树立自己的独立性与客观性,首要的任务就是给出建构自身的"科学"方法论。在 20 世纪五六十年代,伴随着实证主义哲学对诸多学科的影响,科学界兴起了所谓的"计量革命",即在科学当中广泛地使用定量方法来研究对象的结构模型。实证主义思潮无疑能够满足当时科学发展的需要。因此,从逻辑实证主义的立场出发,肯定了数量分析的方法是"科学的方法",是一种卓有成效的研究手段。当我们面对大量数据时,需要进行认识性的描述和解释,这实际上是一个关于如何进行描述和解释的方法论问题。在这种情况下,"计算"这一概念率先被运用于对量和数的理解与认知中,并且逐渐从量的领域扩展到纯粹的质的领域。在这种思维理解下,质的相互关系与作用也可以按确定的、严格的顺序相互推导出来。因此,只要能做到计算推导,我们就能得到事物的一般规律,从而清晰地认识到这些规律的适用范围。因此,计算概念随科学概念本身一同扩展,这就使得科学家相信,只要能把一组经验的各种条件还原为一些基本关系,我们就可以运用计算,从而能完满地得出事物的规律。

现代信息科学中,信息概念的形成是在自然科学众多学科融合与分野中独立出来的产物,其看待世界的角度以及运用的方法论逻辑都来源于自然科学的视角。从自然科学中汲取的理性量化之科学精神,在信息化的方式中被推演得淋漓尽致。或者说,正是信息科学的诞生,让量化的实现有了真正的可能。科学需要从大量的实验中获得数据,继而对大量的数据进行归纳,并从归纳的公式与定理中推演事物的规律。这是科学之精神贡献于人类展开研究的精华。在信息科学日渐从众多学科中独立出来后,这种从实验中获得数据的底层方法论正是信息科学最擅长之处。量化在现时代的达成不仅保留了数据在实验室中的意义,同时也打破了实验室那种小心得来数据的狭窄方式,而铺陈起对事物全景描述的场景。信息科学在数据发现方面的强大能力和独特方式,正是信息科学能够获得自身独立主张并立足科学之林的独特法宝。信息带来的量化意义,使曾经的科学幻想成为现实。

在这样的理解模式与技术手段的打造下,以计算机为代表的信息技术一跃而起。数据既是计算的产物,又是对事物描述的依据与载体。计算能力越强,则数据采集的能力越强。以前在实验室中小心翼翼获得的数据被视为从大千世界中有限获得的珍宝,正是透过有限的实验数据,科学才得以在更广阔的世界里寻求推演并寻找规律。而如今,计算机的运用,使得对所有事物的样本还原有了统一的尺度与格式,无论是有机生物体,还是处于静态的图片、线条,抑或是处于动态的音乐、声音,各种各样的机器,一切的一切,在信息视野下,都有了统一的可被计算机批量处理的样貌——万事万物,不过是计算机可以处理的符号而已。由此,世界上所有事物的物质结构呈现,就有了可通约的基础,无论是自然生命体,还是社会化产物。

在这些技术手段的支撑下,人类的理性得到了不同以往的质的飞跃,其升华之处在于人类可以更为直观地看待理性。这种理性的直观,表明人们无需再从有限的样本去推演无限的世界,无需再透过重重表象去探究事物之奥秘,而是透过一堆堆数据、一层层数据建立起来的关联,就可以直观清晰地"看"到事物,事物在信息技术的视角下,就那么本真地透过数据来呈现自身。人类以往需要透过逻辑推演的事物之探寻,现在只需要透过程序化的数据和步骤,就可以实现对其认知与把握。因为数据是对事物的观察与测量,是基于不同维度下设定的测量方式,并且测量越是精细,则代表人对事物的认知与把握越深刻,越表明人对事物认知维度的深刻性,这种深刻性又能带动对事物观测程度的进一步加深。如此直观地把事物自身呈现在人的面前,人甚至无需花费过多的力气,就可以直观地了解到事物的探知结果,这是信息革命带来的认知方式的颠覆。在量化的逻辑下,事物自身的度量与界定,越来越依赖于指数化、指标化等数据化呈现方式。透过这些数据,人们就能够获得对某一事物的判断。

正是因为信息有了这项专门的科学功能,使得数据的发现不再是难事。那么数据的可靠性与信任度,是如何建立的呢?为什么这些可测量的数据能够成为人们信任的对象?这当然是基于大量原始素材的经验获得。计算机越是能够接收与处理数据,那么可供经验的素材也就越多,如此互动循环,那么通过计算机带来的程式化方式,直接度量世界就成为可能。以前囿于手段与方法的局限性,达不到对事物的全景测量与把握。而现在,以计算机为代表的信息技术正是解决了以往这样的困局,把事物的全景测量作为人们理性认知的直观素材。

全景量化带来的直观,使人越来越选择相信量化规模带来的可信赖性,也改变了一直以来对经验的认知。传统认知中,经验被视为长期以来能够得以保存与流传下来的过往经历,也就是说,它的可信性是建立在时间线索上人们积累起来的口传心授和科学验证中。而现在,信息技术所能够达成的量化和规模化计算与测量,不再依赖过往经验方式带来的可信性与可靠性,而是在规模化与量化的意义上实现的可验证性。它需要重新建立起一套信任话语,重新建立起令人信服的直观化信任,这就是透过技术呈现出量化数据的意义。

不仅是透过技术方式改变对经验与可靠性的理解,量化逻辑实际上是树立起自身认知世界的独特方式与话语。在这个意义上,量化是对事物全景无差别的搜集与描述,它不是建立在传统以来科学方法中差异化选择得来的有限数据基础上,而是奠定在规模与巨量化数据的逻辑立场上,并在此基础上为人们树立起对可靠性的理解与确信。由此认为,只有经过量化得来的全景式无差别选择的数据,才是值得信任并能够反映事物的基础。

在这样的信心鼓舞与目标追求下,信息的发展方向越来越朝向大数据方式的追求,似乎数据越多、规模越大,越能接近把握一种事物的"真相"与发展趋势。这种数据得来的话语立场在信息化的方式看来是客观中立的,是不依赖于人的主观认知而形成的超越个体狭隘认知的最有力证明。大数据得来的技术力量,奠定了量化实证主义的逻辑基础。实证主义的逻辑与精髓在当代信息技术下被再次充分展现,但同时也重构了传统实证主义中的经验主义部分。

为此,信息在这样的技术路线下一路狂奔。有了量化的逻辑,大数据的方式就变得唾手可得,并且在信息技术看来,这是一件自然而然发生的事情,是技术与历史发展的必然。在这样的技术基础上,大模型的建构也成为一种必然，只要量化的数据与规模足够大，大模型就能够使对人脑意识与思维的模拟成为可能，就能为人工智能的发展打下基础。

但是，量化思维在方法论上的建构并不意味着对信息学科的认识达至完善。在这里，方法论褫夺了本体论的合法性并取而代之，它实质上用方法论的程式化置换了信息学科自身存在的合法性，以学科的精确化、对象的客观呈现作为其存在的合法性基础。就信息科学而言，是否仅需做到数量化的数据搜集，就能呈现出事物整体的面貌以及社会意义，这是值得商榷的。事实上，现代学科的细化与分化恰恰冲散了与社会的关联度，远离了社会这个神经中枢，以至越来越精细化的学科成为社会中枢的神经末梢，丧失了学科对于社会的敏感性。信息学科无疑是现时代实证主义的学科，但是它以何种视角、何种功能和面貌来切中对社会现实的理解与关爱，如何在整体中把握与现实的关联，这是我们需要考虑的。易言之，由量化数据得来的"事实"，是否是真正的社会现实，是否有机器形成的认知偏差？在信息化时代，这是只有切入多维视野下才能得到的社会理解，是在技术赛道上无法独立得出的社会理解与认知。

二　结构化的过程

在很多人看来，信息可以抽象理解为一种非物质非意识、亦物质亦意识的特殊存在形式，既可以具化为可感可及的物性特征，又能呈现出一种潜意识状态。信息正是蛰伏于表象之下，不断消解人与技术主客体之间的二元分离，通过技术的外化不断构建新的人类意识。信息虽非事物本身，却决定着事物运动发展的状态和方式。信息对社会的影响正不断表现为将其独有的技术隐性和客观的独立性特征外化为显性的结构化逻辑，从而形成对社会实现结构化的力量。

在当代社会里，信息不断衍化为各种重要的资源，也使各类资源在信息时代被赋予了新的价值。为了管理好这些信息资源，就要依靠信息技术。信息技术的不断发展和广泛应用促成了社会的信息化，信息技术促成了社会发展的信息化模式,而且社会发展的信息化程度的整体提升又反过来促使信息技术手段在各领域行业的融合发展,促进信息技术和社会信息化水平的不断提高。易言之,在信息社会,信息与社会形成了一个完整闭合的发展互动体系。在这个闭合的互动过程中,起决定性作用的是信息技术带来的驱动性,即信息能够把自我的技术演化为现实的物性逻辑和行为逻辑,进而成为社会的变革力量。

信息的发展是一种影响人类思维方式进化与改变的力量,是思维方式与技术手段的双重演进过程。信息的技术外化是透过计算机的编码方式来看待和重塑世界,是带有工具性意义的结构化过程。信息的目标与理想,是透过系统化的方式,将来源于自然、社会的事物纳入其客观的技术框架世界中。也就是说,信息需要一种客观、程式化的方式,来表达与呈现丰富多彩的自然世界与人类社会。

结构化是信息技术外化的过程,也是方法论的呈现,即利用最小的符号代码,构建起对整个世界的认知与理解。世界是纷繁复杂的,要想通过一种建构方式来认知世界,那就必须有个逻辑起点或曰可以探知世界的方向与依托。结构化的思维方式,正是信息认知世界的方法论起点与思想据点。中国传统以来一直强调整体性思维,是从事物的整体性去感知与认识事物,是一种自上而下的整体认知观。而在西方自然科学思维演化中,则是摒弃对世界整体的认知,认为其理性依据无法用科学方式测量,因此放弃认知世界的整体观。在这种认知观念下,整体不可被把握,但可以通过一个个被细分的具象化方式,打造出认知世界的工具,来解决一个个现实具体问题。它聚焦于事物的精细化与微观化,是一种自下而上,极具工具化意味的方法论。

《大教堂与集市》一书堪称计算机软件开源运动的经典著作,作者埃里克·S.雷蒙德提到计算机程序架构中两种开发模式——"大教堂模式"和"集市模式"。"大教堂模式"象征保守、封闭、黑盒,比喻传统软件的开发模式。"大教堂模式"代表着一种自顶向下的模式,由一群精英进行顶层设计,然后按照计划执行任务。"集市模式"则象征开放、自由、协作,比喻开源软件的开发模式。两种模式方式不同,都代表着信息结构化的路径。

程序即是一套结构化的范式,它通过计算机代码的编写,来编织对世界的理解架构,形成对世界的结构化描摹。代码是计算机世界运行的基础材料,人们要运用这些材料建立起一种架构,以呈现对世界的理解。这种开发源代码,即架构设计的过程,对于信息的技术外化而言,意味着什么呢?很多人把这项工作视为IT企业的内部工作或者工作中的必要环节。如果仅从工作任务与对象角度而言,确实只是工作流程中的第一环,而从更高层面上来看,这种方式已在无形之中改变了我们的思维方式,即看待事物的方法。这不仅仅是一个具体的工作,我们还可以从中发现思维方式的建构过程及对社会的影响。这个过程其实是对外部事物流动发展中动态"撷取"的一种方式,是一个对事物进行具象化,用技术的程式化和边界化不断勾勒呈现事物外貌及其逻辑的过程。结构化是人与计算机双向交互的过程,究竟是人建构了计算机模式,还是计算机结构化我们的思维方式,其实已经在彼此的关联与互动中,变得越来越模糊了。计算机方式是人类思维在机器中的框架,从而形成一种范式的结构化思维,即能够通过结构化搭建逻辑框架的方式来展现现实中的事物。并且随着这种结构化模式越来越成熟,人们对它依赖性就越大,接受度也越高,也就越难对其进行改变,也就是这种框架性预设对人的行为与思考产生的束缚越大。

在这个过程中,结构化为什么如此重要?架构设计关联起两方面重要的映射:一是由外向内的架构过程,即人把事物的理解对象化给计算机,通过编码来呈现对外部事物的描摹,这时对事物的理解就变得至关重要,需要把对事物的理解拆解为模式化的板块,分包成不同的模块。架构的设计直接关系着对事物的理解,并影响着在计算机系统里的内部分工与合作。二是由内向外的呈现过程,即计算机向人输出和呈现出来的运行程序,是否能够还原对事物的理解以及支撑起应用场景的运行。这种内外交织双向输入与输出的架构设计过程,是透过结构化的方式达到对事物的理解与呈现。现实中所有的事物流、过程流、引导流,都要在这些结构化的代码编辑中一点点展现出来。

架构设计是一件特别需要创造力的事情,是一个在模拟世界中建立起对事物理解的过程。因此,不同的理解就凝聚成不同的结构化模型。现实世界中,人类可以通过一砖一瓦建造起想要的建筑,建构起一个稳固的形式,在信息建构的世界里人们的思维意识也是如此,希望透过思维意识搭建起来的结构化模型,能够建立起可靠的理性工具。将思维意识进行结构化组织与呈现,这在以往的科学方法中是很难实现的。结构化是一种对思维意识的凝聚与展现,它必须建立起层级、规范以及结构间的关联。也就是说,一个结构化的思维意识构建体,是一个有着明确层级划分、规范准则,以及关联意识的统一体。

信息带来的结构化思维是一个与社会形成交互的双向过程:一是现实世界要把管理规则带入计算机建构的程序化世界中,即通过程序化的模式来展现和尽量还原现实世界的意图与规划。为此,现实中的社会结构在程序化世界里,呈现为权限与层级。二是自然科学擅长不断分割与分化成细小的观察体,信息带来的系统化思维也是如此,会用思维与逻辑的严谨性与细腻化,使社会中各种管理层级与维度同信息当中的机器思维保持一致,也就是计算机世界中的管理规则同时也要回馈和映射到现实社会中,是一个结构化的双向过程。

结构化是人类思维与世界之间的啮合,是人类思维意识借助于计算机建立起对世界的理解与认知框架。在这个框架里,封装着一个个对事物理解与认知的范式,体现着逻辑的层次性、规范性,以及如何在结构内部与外部之间建立起来的关联性。

结构化是信息时代呈现出来的显性思维与逻辑,它形成于信息技术领域,但扩散到社会结构与发展进程之中,为整个社会的数字转型发展奠定了基础。结构化不仅是一种技术思维与手段,更是一种不断与社会形成结构化同构的过程。结构化是技术手段应对业务、管理、运营和治理等问题的底层思维与基础,对于社会数字化转型的成功至关重要。数字化引领正在推进一个前所未有的创新工程,那就是对传统的组织模式、管理模式、工程模式进行重塑,在结构化分步实施的基础上强调灵活的整体设计、整体把控,并需要实现目标战略、业务过程和技术上的同步。

我们可以看到,今天的互联网模式、业态合作创新、交互模式等在信息时代下出现的新样态,在很大程度上是与程序结构化设计的自由和开放创新模式的理念相一致,一个重要的原因是在数字化时代,产业链的集成和交互发生了巨大的变化。随着智能互联技术和产品的发展,传统的组织架构将被打破,社会生产、云计算服务、物流供应链和用户维护等流程之间的协作持续不断,这种协作与交互就是结构化在社会模式下的呈现。这更像是信息系统之间的自动运转与协调。与其说社会运行在不断更新,不如说社会结构的运行要适配这种信息化方式带来的结构化运行逻辑。从变换的角度看,智能互联产品的丰富数据和实时反馈等特性,正在挑战传统的集中指令和控制式管理模式,分布式决策、高度整合且能持续改进的新型管理模式将逐渐崛起。

信息的结构化过程使人类劳动方式发生转变。在传统的劳动方式下,劳动主体总是与劳动工具、劳动对象结合在一起,劳动过程是人们智力和体力的输出。人、劳动工具、劳动对象三者之间是一个明确且有着各自地位与作用以及主客体划分的关系。人是使用劳动工具,并作用于劳动对象的主体,劳动工具只是一种起着中介作用的存在物。而在信息化的方式下,劳动工具不再是处于静态的、接受主体人改造和利用的中介物,而是能够通过自身的结构化方式,将人、劳动对象与自身共同置于一个劳动场景之下,与人、劳动对象共同参与劳作的过程。在这种人机协同、人机对话的相互作用下,劳动不再是一个由主体人控制的过程,而是一个三者之间交互与协商的过程。计算机不同于传统工具介质,传统的单向度介质只是作为工具存在物,不具有与人对话的能力,在信息化时代更容易被技术所淘汰。计算机代表的信息化工具的独特性在于它具有与人的交互性,是能和人进行交互对话的工具性存在。它更接近于人脑思维的一个外在化显现,具有强大的计算功能,帮助人们进行各类程序的搭建。

在这样的模式下,原有的主客体关系被打破,人与劳动对象、劳动工具之间不再是主客体关系,而是共同合作的三者关系,互相成就。人的思维、意识、行为被信息化的智能方式构建和重塑,人在利用信息化方式的同时,也在接受信息化方式对自身的协同与改变。当人的主体性思维作用于信息化方式时,人自身也同时被信息化方式改造,人的思维方式、认知方式,都在被这种信息所特有的结构化方式改变,这是一个定义与被定义的双向过程。

信息的结构化是一个持续的深化社会劳动分工的过程。信息革命是一种产业革命,它使社会中的就业结构发生了重大变化。在传统社会分工下,职业是分工明确、生产对象明确且由社会设定的产物。而现在,职业不再具有明确的社会分工和清晰的分工边界,不再具有和劳动内容相关的对应性。行业的划分与职业的划分,不再像传统分工那样具有清晰的边界。人作为主体的消失与作为客体的劳动对象的消失,是一个共同的过程。随着信息化手段的更迭与变化,越来越多传统的劳动对象、劳动内容、劳动产品都会消失,伴随着这种消失与不确定性的增加,代表着传统分工的职业模式也会不断变化。

信息的这种独特方式与社会结构的关联成为一种有机性关联,对社会的政治、经济、文化等方面起着决定性的纽带作用,成为一种潜在的逻辑联系着社会的各个层面。信息的结构性特征连接着社会发展中政治、经济、文化的脉络,成为另一种潜在的逻辑推动着社会的发展。信息的结构化特征之所以是一种重要的战略思维,是因为它蕴藏的思维与逻辑架构,可以演变为现实的经济行为准则和社会管理规则,可以不断扩充人们对社会认知的维度,提升社会结构在信息化方式下的细腻程度。因此,信息的结构化特征具有十分重要的社会价值和社会功能。

我们身处一个由信息技术主导的结构化与规则化世界。这个结构化世界,塑造着人与世界之间的互动模式,捆绑着社会中人与人、人与物之间的关系。从微观层面上而言,信息以不断微观化的技术方式搭建起一个个细小的世界运行单元。从宏观角度而言,信息在用其特有的技术方式不断形成技术、人、社会、世界之间的过程同构与历史同构。在这样结构化信息生存的世界里,人的呈现与对象物的打造,将以一种新的比肩关系进行交互,并产生推动世界发展的力量。人在对象化的过程中呈现自己的力量,同时也在交互的过程中接受这种反构于人类的力量。世界将呈现出被信息化方式颠覆的传统主客体关系消融的世界面貌。在这种关联的力量中,信息技术是如此乐意提供这种关联,并以这种关联作为社会进步的标志和特征。

三　空间化的模态

如果我们仅从物态、自然科学的视角来看待信息的变化发展及其演进形态,那么无疑窄化了对信息的理解,忽略了它对现实社会的影响意义。这也恰恰需要我们从社会整体角度来看待信息带来的影响和变化,以及它的动态变化对社会发展的影响。

在信息技术的打造下,信息空间构成了我们现实的存在,空间从未变得如此复杂。从哲学视角来看,当我们去审视信息与空间两者之间的关系时,就会发现,空间与信息是一对表面看来相距甚远但本质相同的概念与范畴。空间的概念与理论化历程也是一个随着时代认知而不断进化的过程。在自然地理观下,空间最初是一个关于自然地理的载体概念,"我们对空间的通常理解是它只是在那,无形的,但是既定的"①。与时间-历史具有的绵延性与流动性相比,地理-空间更多是既定的、受动的,是人类赖以生存的既定环境与载体。地域空间的限定性与固着性固化着人们对时间观念的感知与生存体验的差异性。对于身处在大山与处于都市的人们来说,时间的感受与意味是完全不同的。在这个既定的空间与环境中,物理空间的阻碍、地理的差异、发展的不均衡都使地理性空间充满未知性

---

① Maria Balshaw, Liam Kennedy. *Urban Space and Representation* [M]. London: Pluto Press, 2000.

与神秘性。不断探索未知地域，增强对未知地域的可知性认识，成了人们自古以来孜孜不倦的精神追求。开疆拓土、航海远行，就是为了实现对未知世界的把控，消弭对未知领域（地域）的恐惧。

突破人们原有既定的空间，从而实现新的地理大发现，这种认知的力量来源于社会生产力的发展。从历史来看，每次新的大陆以及新的地理发现，大多通过武力、战争等方式达成，但这种方式的背后实际隐藏着社会生产力的巨大发展。从马克思唯物史观的角度来看，人对社会地理空间认知的扩大首先取决于他们进行的物质生产活动，社会物质生产条件为人的自由实现提供着物质基础。也正是在这个意义上，我们看到，生产力的迅猛发展对人们传统受限的地理-空间认知提出了挑战，从而打破了人们对赖以生存的狭隘空间的认识。

自工业革命开启以来，现代工业化生产的大发展，实现了全面细致的社会化分工。工业生产力量的形成与发展，注定是资本推动的必然结果，也是资本实现自身增殖的重要途径。资本的力量全面推进并加速了世界地理大发现以及全球化地理的连通。空间原有的固着与非流通性，在资本驱动的工业化生产力量作用下，不断被利用、被改造、被突破。所有的工业化生产、交通设施的建设、货物与贸易的流通，都在改造和突破原有的地理空间格局。其中包含的资本力量，都是不断按其目的与意图，打造一个便于资本流动与增殖的无障碍地理空间。地理空间在资本的利用与打造下，成了一个易于流动与通达的全球化世界网络。集装箱的发明与出现，成为全世界范围内地理空间物理性连接和经济全球化的证明。地理空间的改变与扩张，彰显的是资本的驱动力。资本的力量铺就了全球一体化的流动空间，资本造就的现代性塑造了新的时空一体化格局。资本以前所未有的速度与能量造就了人们对空间的新感知。资本的流动带动了不同地域下人口、物质、资产的流动。资本打造的空间场，可以跨越地域、种族，整合资本链，按生产要素将每个地域性的存在转化为资本生产网络的节点。

随着时代的变迁以及信息技术的迅猛发展，人们对空间的观念和认知再次受到信息变革带来的影响。空间已从一种地理、物性概念，转变为一种抽象、关系性存在的概念。信息突破传统的空间边界与实体样态，正在以自己的样式建构新的空间样态，塑造新的空间感知。空间在传统社会中是一个地域性观念，在资本时代，是一个全球性观念，而在信息时代，则是虚拟性观念。资本可以塑造并赋予空间以全球观念，而在信息时代则将其变成时空共在的观念。在传统社会中，空间是一个整体性观念，资本则将空间变成具有连接性的观念。到了信息时代，信息将空间变得可剪裁、可定义，可以进行任意维度打造的对象。在传统社会中，空间的界限固化，资本则是打破空间界限的力量，而信息社会则可以跨越界限实现在不同空间样态中任意穿梭与自由组合。空间的观念与形态以及人们对其的感知，都在经历资本、信息时代的洗礼与变迁。

总结来看，近代以来空间形态的巨大改变，经历了两次时代浪潮的冲击或曰两种力量的打造，一是资本，二是信息技术。前者通过资本在世界范围内的流动，推动政治、经济、文化等各种要素汇聚成全球化的空间布局，将一切满足特征的要素集约在一个巨大的空间网内。后者是通过数字化技术的力量，不断解构空间、建构空间，在虚拟与现实社会空间里推动生产力发展并塑造新的社会秩序，重新定义这个世界的表达方式。信息技术创造出越来越多的虚拟空间，统合了地理空间与虚拟空间，延展并丰富了空间的层次性。在资本作用下，空间由原来的主体性走向了对象性，由原来固化特性走向了现在的可变特质。而在信息时代，信息在不断利用空间、突破空间束缚的同时，将空间变得可剪裁、可定义、可表达。

信息技术大大增强了人们获取信息的能力，逐渐消除空间的未知感与神秘感。空间是一个无处不在的关系网，是现代性资本力量不断打造并进行资本积累的意义场，是现代性呈现其竞争本质的意义所在。在信息时代下，"万物皆比特"，信息以更强的穿透力连接与贯穿着世界的各类、各层级空间层面。可以说，"空间皆信息，信息造空间"。空间的本质是关系的存在与编织，而信息建构的空间正是对各类关系的裁制与定义，正是在关系构建的本质上，使得空间与信息的同源性与本质性呈现出高度的统一。

在信息技术的打造下,空间俨然变成了更加复杂的关系性存在,并且是越来越复杂的关系层级。空间与信息两者关系变得愈加充满张力与博弈。一方面,空间接受信息对自身的形塑,信息以拆解空间的整体性来消解空间的未知性与神秘性。另一方面,信息能够编织各种类型的空间,能够将空间的各个未知点、散落点解析出来,并且按照自己的需要将各种各样的关系组织结合在一起,将各种已知与未知的要素结合在一起,拆解关系、组织关系,从而形成满足特定需要的网络化结构。信息虽然表现出技术的物性存在,但这种存在是为关系而存在,而空间的本质早已体现为关系的构成。

因此,空间与信息的结合,是内在契合了各自的需求与发展。空间包含着信息的汇聚,信息扩张了空间的维度,共同的目标是使空间的每个环节都可以被资本化。这对于资本积累而言是非常重要的。现代性社会的发展就在于对时间与空间的扩张与拓展,就在于能够充分实现对时间与空间的掌控。信息技术正是符合了现代性这种对时空扩张与掌控的需求。

城市的社会结构内嵌于这种被信息改变的空间化过程之中。正是城市高度发达的各类交换关系的存在,使得信息的特长在与城市的互动发展中运用自如并相互促进。"文明-技术统一带来的矛盾后果及利用文明-技术实现统一,是正在进行的社会结构大转变的重要基础之一"①,透过信息技术对时间与空间的进一步压缩,空间的可复制、可拓展性、可置转性变得更强。被信息方式重新建构与定义的空间观念与空间方式参与到城市社会结构的改革与变迁之中,又不断呈现出新的变化与意味。正是透过城市社会结构的发展变化,可以呈现出信息技术作为空间模态建构力量的强大在场。

信息空间的建构在城市具有了具象化特征和现实生产力价值的工程

---

①　[德]阿尔弗雷德·韦伯. 文化社会学视域中的文化史[M]. 姚燕译. 上海:上海世纪出版集团,2006:372.

意义。现如今,信息工程不见钢筋铁骨,却具有和传统的城市基础设施建设一样重要的地位,甚至比传统的基础工程更需要巨量的资本投入。网购的概念、支付的概念、云的概念、物联的概念等,都透过共享的概念、即时的概念得以实现并通过信息化工程进行建设。城市管理、政务管理、数字化工程实施、各类平台建设,都需要通过信息技术建立起来的网络空间来面对与解决。在这样的空间形态下,个体成为无时无刻不与城市这个巨型空间发生联系、交换、接收指令的移动终端,连通着城市空间的每个神经角落。城市空间在信息技术分解下,变得无比细化与微化,穿梭在人们工作与社会生活的细节里。利用信息技术重新组建成的城市感知系统,把每个如细胞般存在的空间节点连接在一起,使彼此在紧密关联中变得愈加不可分割。

无处不在的空间弥漫与空间渗透,使空间关系不仅变得愈加复杂,而且具有了日益叠加的层级性。人们对城市空间的感知从未如此清晰。人们对空间的意识、感知、观念在信息技术的物化影响下变得愈加强烈,甚至人们越来越依赖这个由信息打造的物联网空间。曾经,启蒙思想促使人们对时间与空间进行理性筹划,将理性用于征服空间以及理性安排空间,"空间表达的客观性成了一项有价值的属性,因为航行的精确度、土地产权的确定(同具有封建主义特征的法权和义务的混乱体系相反)、政治边界、运输通道的权利等在经济上和政治上都是绝对必要的"①。现如今,信息技术更实现对空间的精准掌控,不仅实现了对空间的描摹,更实现了对空间复杂关系的编织与构建。在哲学审视下,空间的本质与资本的本质具有同一性,即隐藏在资本、空间背后的本质不是其他,而是关系的构成。现在,信息技术的出现,不仅进一步证实了这种论断,更证实了这种关系构成的层级性与复杂性。信息技术可以透过任何一个点(人、事、物),计算并编制出庞大复杂的关系层级。过去地理空间的天然阻碍带给我们隔阂与社会交往的神秘感,空间只能透过脚步丈量进行感知与

---

① [美]戴维·哈维. 后现代的状况[M]. 阎嘉译. 北京:商务印书馆,2003:306.

交互,现在所有空间的构成正试图变得透明与可控。对空间实现多大程度和范围的控制,取决于信息技术能够实现掌控的层级。建构与破解空间关系的复杂性与层级性,也是大数据的逻辑起点与攻克目标。人与物被编织在信息技术打造的城市空间网格之中,人们对空间感知与描述的具象化体现为各种数据的形成,这些数据成为更具价值性和产业潜力的对象。

在信息空间抢占流量制高点,无疑成为资本最期待的目标。信息空间成为吸收资本的新场域,它可以为资本打造出无数的各类适宜资本扩张的场景。于是,一轮轮海量资本投向信息建构的空间,通过资本催化,推动技术不断提升,通过技术开创新的资本空间,以空间的不断催生与抢占获得利益作为对资本的回报。在信息化方式打造下,城市空间的形态有了不同以往任何历史时期的新模式与新突破。

在信息技术下,城市的地域空间被进一步解构与打造,信息打造的各类空间成为资本追逐的对象。以土地为依附的实体空间的地位、作用与价值在技术浪潮下遭遇了消解,实体空间的式微具有生产结构、商业模式变革的时代意义。经济的联动效应、生存发展的生态链波及众多,这使得资本运转变得更加复杂。网络空间颠覆实体空间的作用与意义,而商铺、地租的不断提高又与商品的利润获得形成了尖锐的矛盾。单靠据守一方的实体经营已经很难维系商品运营体系的正常运转。对于空间而言,实体限制了资本的空间扩张与裂变的可能,使资本的增长局限于一个点上,而虚拟空间的模态则可以放大规模效应。信息打造的虚拟网络,改变了传统的商业模式、工作模式、生活模式,减少了对实体空间的依赖。新的消费体验、物流体验、时空体验,如今通过网络的相连成为城市空间新的感知方式。土地、实体空间的隐性退场表明一个传统商业模式的告别,昭示着新模式转换的来临。信息技术为资本空间的无限扩展打开了另一个通道。

信息空间改变了社会生产结构、劳动力结构,同时也影响着城市间的人口流动状况。人口成为城市间争夺的对象。信息化空间形成的聚合力量,影响着城市人口的流入与流出。人口流动受到产业结构调整的影响,受到城市生活成本的影响,并且与各种营商环境、宜居程度息息相关,而这些又与城市的空间成本与价值有关。空间成本带来的生产成本、劳动力成本意味着产业成本与结构的调整,并带来新的产业布局的调整。产业带的形成与布局直接影响城市人口的流动。人口要素的重要性,又影响着城市生产与消费等各项发展。因此,在这一系列的空间价值生产与转换过程中,信息化空间的生成与打造,切切实实影响了现实地理空间的变化与发展。

在地理空间和虚拟空间的多重置转下,信息建构的虚拟空间与网络空间满足了现代性历史发展阶段自我延伸与拓展的内在要求。这是现代性发展到当下提出的更高要求,也是历史必然。信息建构的空间不仅仅是信息技术的外化显现,也是技术的提升,更是现代性以资本运动为发展动力的社会进化过程中提出的更高需求与历史期待,是用技术方式对资本发展的回应。信息技术恰恰能满足这种时代的需求,并且信息技术的形成与发展也是资本推动的结果。资本运动能够通过信息技术实现对虚拟空间的建构,不断开拓新的空间维度,并在空间裂变中获得巨量空间价值。在空间维度上,能够在空间量级上获得资本的增殖,这是信息化方式下技术与资本的联姻,是资本不断获得置转空间的新方式。

第三章　经济的格局

　　信息革命带来生产力发展的新篇章。我们可以看到,1917—2017 年这一百年间,美国前十大公司的排名变化表明了产业变化带来的时代变迁,即由工业化时代向电气化时代,直至向互联网为王的信息化时代的转变。产业结构随着时代变迁与技术进步而不断发生转变,时代特征十分明显。世界范围内每一轮康波周期变化,都在不断表明以往传统以生产制造为主导、以时间积累为主的工业化生产,正逐步被以空间扩张为主的信息产业所取代。在生产力释放和经济形态布局方面,信息对经济的发展都有着无可比拟的推动作用。

　　信息化作为当代社会重要的赋能维度,不仅使自身具有了价值,它还可以赋能经济,为财富增值不断开辟新的通道,促使社会财富不断增长。这使得社会的经济发展越来越朝向以数字化赋能为主的发展模式,经济的数字化表征越来越明显,社会生产由以往的生产链布局转向对价值链的谋划。在信息化方式下,价值链不断被重构,经济的层化效应在信息化建构下不断得到放大。由此带来对数字经济的一系列思考。我们是否真正了解数字经济? 以及在何种程度上把握和利用数字化时代对经济发展的推动作用? 价值链的重构是否会引发新的由信息技术带来的空间经济的竞争格局? 对这一系列问题的思考,促使我们必须回到数字时代经济发展变化的基本格局当中来,从社会供给与人的需要满足的基本线索上,看待信息化时代经济格局的发展。

一　数字化时代发展

今天我们生活在一个数字化建构与呈现的世界之中。智能互联产品、在线社交网络和可穿戴设备的普及让数字化感官越来越多地为人们带来不同于过往的生存体验。我们正面临着由亿万台设备和传感器提供数据从而获得感知的生存境遇。从运动手表到智能穿戴设备，从汽车到飞机，从商业建筑到居家场所，我们工作和日常生活中使用的物件都开始具有数字功能，这些数字功能带来一个高度互联、快速移动和高度竞争的环境。从蒸汽动力革命到电能革命用了 100 年时间，从电能革命到信息系统时代用了 70 年时间，从信息时代到现在的数字化定义时代仅仅用了不到 20 年的时间。数字设备无处不在，它们似乎正在改变我们的一切，数字业务已经开始主导我们的经济发展。智能互联产品还将改变现有的产业结构和竞争本质，重塑现有的行业版图，不断刷新行业格局与经济业态。数字创新可以通过采用新技术的形式释放全新的生产能力和创造力，换句话说，数字创新不仅创造出新产品、新服务，还在不断挑战我们看待和理解世界的方式，以及改变我们各行各业做事情的过程。

数字化特征显著的信息技术给经济和社会带来全新的认知维度和变革力量，已经成为一种时代的全景现象。我们的物理世界正被一个可识别、可编辑的数字空间层包围，已经成为映射我们物理世界和社会的另一种真实存在。建立在计算机、宽带网络和移动数字设备等基础上的数字化，既是对万事万物的数字化还原，又是对世界空间层级的建构和掌控。数字化不仅是一种技术的表征，更是一种社会生态的重新建构，改变着人们的认知、经济的样态和社会的观念。

数字化呈现出来的世界变得如此清晰和显而易见，但与此同时，人们不禁也要进行追问：数字化究竟是什么，我们利用数字化在从事什么？数字经济是什么？我们是发展以数字化定义为特征的产业经济，还是让我们的经济全面走向数字化？

数字化是信息化社会发展到一定阶段表现出来的特征，既是一个技术指征，又是一个社会特征，能够带来社会总体样态的变化。数字化旨在基于数据对事物结构进行定义，体现出对物质和事物进行数据化分解与重构的技术特征。数字化是对事物的度量，是透过数据模型建立起对事物的以数字为标准的衡量尺度，即事物分解成无数的数字指标，从而实现对一个事物的量化认知与把握。数字化是对事物的定义，在实现对事物度量的基础上，就可以对事物存在的本身，即它的属性与身份进行界定。以往难以发现和表达的主观评价与认知，现在可以通过数字化建立起来的维度来实现量化分解和显微镜般的呈现。在对数字化这个概念所有的定义中，最常见的关键词是实时性、灵活性和可塑性。

在技术发展阶段上，数字化是奠定在大数据技术基础之上的突破与实现。大数据能够实现对于事物的数据搜集，这种技术的达成能够实现对事物较为精准的技术画像以及平行事物间的关联度呈现，为全面实现数字化定义打下基础。在这样的基础上，数字化的技术达成又进一步促进了对人脑思维进行模拟化塑造的想法。于是，大模型的技术开发与应用呼之欲出，成为迈向人工智能的必要技术阶段。因此，数字化是一个重要的具有承上启下作用的技术阶段，是推动社会发展的必要阶段。数字化作为一个时代的技术指征，是推动信息技术不断发展的内驱力。

这是一个不断自我发展与进化的完整数字生态体系的建构和社会经济的更新布局，不同的社会领域和职业人群观察和聚焦的着眼点自然也会不同。每个领域都试图从自身的视角与观点去看待数字化带给社会的影响与变革。处于社会经济发展基础地位的生产领域，必然将底层技术变革以及生产运营的动力作为观察数字化变革的主要着眼点。

生产领域的数字化转型，聚焦于透过具体的数字化赋能工业化生产技术来实现对数字化时代发展的回应。社会架构的持续数字化以及经济财富增长方式的转变，都给工业化生产体系带来了巨大影响，而工业化的发展转型又是数字化发展的基础。工业革命的进程分别是：机械化生产、电气化生产、自动化生产、智能化生产。工业化的目标始终围绕制造的高效率、高质量和低成本这一主题。从计算机作为制造的辅助工具，到计算机、软件与制造技术的集成，生产自动化水平不断提升。生产方式的变革始终应对着诸如生产过程压缩、市场变动、产品转型等传统挑战。在智能工厂、物联网、智能制造、云计算、大数据、物联通信等技术概念的背后，新的元素和趋势影响着既有工业化基础。数字化带来的产业链的全面深度融合，使得制造外延和生产模式发生了全面变革。不管做何种转型，制造企业都处在数字化转型变革的最前线，它们面临的是生产和组织转型过程中的不确定性，前方是布满荆棘的道路。

在数字化智能制造新的生产模式下，传统的生产方式和生产关系必然要被打破。信息物理网络系统和物联网的平台支撑实现了传统设备和智能工具的结合，例如数控机床、智能机器人的诞生，带来生产工具的变化。数据驱动的产品需求，改变了生产主体，以前企业是生产者，现在变为企业和消费者共同生产，例如定制化生产中消费者变为由需求发动的生产促进者。数字化使产品从传统的功能产品转变为智能互联产品，每个产品都具有了可交互性，这改变了对产品功能的传统定义。传统的生产通过试产试错的模式进行，智能制造通过模拟择优的方式进行，实现实体制造和虚拟制造的融合，例如虚拟仿真、数字孪生，这是生产过程的变化。传统的制造在工厂里实现集中制造，数字化生产开始以分散制造为主，例如网络化制造、分享制造，生产的物理位置也在发生变化。

数字化正在定义一个新时代并改变我们的经济。数字化实现了对人的抽象化与替代化。传统生产管理中，是基于人员的组织分布而配备相应的技术、设备和支撑结构。而在数字化模式下，通过软件和算法实现价值的最优路径，然后根据路径设计进行相应的人力设置。也就是说，人服从于系统的算法路径设计出来的流程，人成为数字流程中的一个辅助环节，其可替代性不言而喻。数字化越是能够将现实中的业务流程与工作环节都进行数字化识别与处理，对现实人的依赖性就越小。系统的智能化设计，必然是将原始的劳动力作用排除在机器之外。智能化程度越高，越对人的劳动形成抽象性与排除性，这使得业务的形成与对接都是通过机器来完成的，使得现实的流程与衔接都必须符合智能系统的设定。

交换领域是与生产领域密切相关，但又能独立形成一种对生产领域具有牵制力量的独特数字化应用场景。交换领域聚焦于应用端人群的聚合服务。数字化运营模式是对虚拟空间的极致开发与利用，在突破传统实体经营带来的场地、地域、规模等限制后，数字化的虚拟空间具有指数级的空间放大效应，在信息化空间下可以吸引几乎无限多的用户，连接大量的业务与用户。在这样的方式与过程下，数字运营模式能够带来更多空间规模效应，使原本拘泥于地域的生产与销售网转化为信息化网络。数字营销平台能够独立形成对市场销售的垄断力量，为了在竞争中不断在数字化空间下形成垄断集聚力量，平台不断压缩生产供给方的经营成本，导致传统生产领域企业的价值捕获空间变小，使得生产企业越来越难以获得更多产品盈利。

为了求得生存与发展，生产领域与交换领域在数字化时代不断打破传统壁垒，实现跨域融合发展。我们看到，越来越多的行业引领者正在促成日益融合的数字化生态系统。过去如汽车行业、物流行业、金融服务行业、媒体电信行业都是聚焦自己的产品和服务。但是现在我们可以想象并看到的是，新的企业正在以截然不同的经营结构出现，它们以不同的方式创造和获取价值，正在重新塑造我们周围的世界。在这样的方式下，任何行业和企业仿佛都自带无数对外连接的接口，只要有足够的市场想象，就可以跨越各行各业，跨越企业和个人之间的壁垒，不受传统行业边界的限制，从而建立起业务链接与合成。这样的变化不仅仅是引进技术创新、改造商业模式或改变客户价值主张，更是一种完全不同的生产业态。例如，行业的全新融合促成了技术与金融、科技与服务等相结合的企业的形成与发展。数字化涉及社交、移动、分析、云和物联网等技术的融合，具有实时生成性、可延展性和组合性特征。许多数字技术涉及更广泛的生态系统和需求,重新定义了信息时代的价值主张。数字化融合创新不是原有产品和服务的改进,而是给经济主体发展的过程、要素、结构、形式等方面带来新的独特性的变化,提供与以前不同的经济满足,并使得经济转化成为更加有活力的创造性活动。经济格局不再是传统行业划分所带来的垂直关系,而是变成充满柔性与可塑性的跨域联合的生产经营业态。

人们头脑中对于科学、技术、生产、经济、社会的经典范式在新的技术和产业格局下有了新的组合与创新路径。数字化是企业创新的必经之路,数字化技术催生了大量新产品、新服务、新业务模式以及新的流程。当数字创新被视为新的产品、流程或商业模式时,就需要组织做出一些重大改变,就需要在相应的战略、流程、服务、产品和组织结构上做出改变。综观技术革命和产业革命的历史可以发现,技术革命导致产业革命,带来产业结构和产品结构的变化,产业革命一般以一定的技术革命为前提。在一般情况下,技术和产业协同发展的起步模式是技术进步推动产业发展的模式,之后才有产业与技术的交互作用和协同升级。互联始终是一种传递信息的机制。智能互联产品的独特之处不在于物,而在于互联的机制,正是产品的新能力和其产生的数据开创了一个新的竞争时代。因此,在数字化发展时代下,企业不应再局限于技术本身,而应聚焦于竞争本质的时代发展变化。如今的管理者必须转变思维,重新思考自身的创新战略,以期创新发展出敏锐观察时代变化的能力,并在竞争中取得领先地位。

综上所述,我们可以进一步发问:在这样的经济发展格局下,什么是数字经济? 从当下全球聚焦的经济发展趋向来看,数字经济主要集中在数字技术、数据要素、融合发展等战略发展的研判中。从技术角度看数字经济的发展,这是一个微观视角,即从数字技术发展层面审视其对社会经济的支撑程度及所处地位。

信息技术在所有传统生产与销售的过程中,能够发挥独立的改造作用。信息技术可以演化为无数的场景服务和技术改造手段,因而就有了产业力量。传统是机器带来的工业化生产,而现在是信息技术带来的信息化生产。当人们越来越重视这支独立的信息技术带来的产业格局与产业力量时,数字产业就应运而生。当经济成分更多是被数字产业占据并引领时,就形成了一个重要的经济分支——数字经济。当然,从经济学的研究视角来看,研究者必然重视如何引导数字化技术产业在整个国民经济中健康有序发展,重视其在经济发展中的格局与地位。如何提升技术水平进而扩充市场需求,并将数字化技术产业作为高精尖领域发展的引领产业,这是基于纯理性的市场经济假设所建构的经济发展模型。而从政治经济学视角看,市场经济绝不是基于扩张消费永续循环发展的假设,而是要关注数字产业模式对所有产业和行业产生的影响与变化,其中存在相互依存的有利与不利的方面和因素。数字产业在扩张自身的同时,必然压缩其他产业的需求。当数字经济作为经济发展中显性的发展需求与发展目标时,必然带来其他产业发展的削减与压制。

这体现了一种零和博弈的市场规则。当所有的目光都聚焦在数字产业上时,必然带来这个产业的竞争加剧和供过于求的局面。我们要考虑的是在数字时代下,数字产业如何能够让所有产业更好地发展,它应当以实现对产业的带动作用为目标,而不是进行市场和经济垄断。这就需要我们重新审视人的需求,梳理供需关系和市场供求,重新看待数字产业格局下劳动力的供给与需求关系。这才是数字经济走出其聚焦于自身发展的局限眼光,从而服务于时代经济发展的正确路径。

二　价值链重塑

在数字化的影响下,我们的社会和未来世界会变成怎样? 数字化的转型发展成为文明演进的历史必然。对于社会发展来说,需要培养一个健康的经济可持续发展生态系统,为人们创造出更多的自身价值和社会价值,实现个人与社会的全面而充分的价值追求。对于经济发展来说,需要解决转型和优化过程中面临的经济格局与模式不断调整的问题。对于社会个体而言,需要不断更新职业观念,加快对知识的吸收与应变能力的培养。在数字化时代,愿景和行动、适应性和创造力从未像现在这样重要,这些都是对传统认知观、价值观的颠覆。在数字化带来的变革中,不确定性、非固化性正是数字时代的特征,表现出来的是价值链的重塑过程。

在资本力量的推动下,经济全球化首先实现的是空间全球化,能够把全球生产要素整合在一起,任何一种生产的进行、产业的发展都演化为一场空间布局上的发展。地域空间具有的差异性,带来经济发展的不平衡,从而也为资源的全球化配置提供了先天条件。以往这种空间布局是基于地理意义的空间经济价值分配,以及我们所熟悉的全球化与区域经济的分野。

工业化时代,社会生产是基于行业与领域的独立生产,行业边界清晰,上下游稳定,从而是一种稳固的社会生产模式。价值形成依赖于各行业领域生产、交换、分配的顺利开展。在数字互联时代,需要重新定义的不是生产链,而是在生产链中抽离出来的一种力量,这种力量能够把价值抽离出来,形成一种能够对生产、交换进行定义的力量,这就是价值链的意义。在信息技术下,经济的发展不再是传统经济模式下垂直或固化的行业划分,而是变为一种充满多元层级的空间模式下的竞争关系。易言之,经济模式的发展,已经转化到空间层面来实现。经济全球化能够把生产要素进行集约化聚合,由此建构起一种空间化的模态。以往这个空间还是一种地理意义上带来的空间意义,是全球化经济发展中各种利益的交织与分配。在这种地域全球化体系的经济发展中,最核心的掌控力量在于建立起能够处于支配性地位的中心以及为中心服务且被不断边陲化的差序层级。这种格局的建立与形成,最突出的特征是保持中心的资本积累,以及边陲的劳动分工与生产。在时间维度中资本与劳动的生产对立,在空间形态下展示为资本中心化与边陲劳动之间的对立。在这样不平衡的格局下,边陲成为生产原材料和劳动力的供应层,而中心则靠资本的强有力运作力量不断从边陲产生的生产价值中汲取养分,从而保持资本的高速积累与规模效应。

从这个意义上来讲,任何一种产业的发展,其实质都是一场空间场域的布局。而在数字化时代下,信息技术使这个利于生产与资本增殖的空间场域,由实体的空间转化为虚拟的网络空间。空间的丰富性、繁杂性、层次性既给人们带来众多时空体验,同时也使生产以及价值实现在不同层级的分化中得以显现。

由此,传统的生产链逐步演变为围绕价值链的竞争。在传统工业化时代所带来的全球一体化产业布局中,人们可以在空间层面掌握哪个环节、哪个生产要素由某地方生产或提供。而在信息化时代,这场新的空间布局则更是一场价值链的布局,价值链在具有层级分化作用的空间生产中,不仅能够析出生产过程和生产要素,更能够析出价值的分化,从而对价值进行分层。价值链是企业产品或服务在实现过程中,其包含的价值主张、价值实现、价值交付、价值传播、价值体验等要素形式的体现。而在这些要素实现过程中,价值链能够分析出劳动价值、生产价值、经营价值等不同层面的价值。在传统生产中,这些要素不会被清晰地分解出来,或者几者之间是处于平行关系,现在则具有高低价值之分的层级关系。每种价值都独立成为一个层面和体系,彼此相依,但相互之间处于分离状态。

这种价值链重新模塑的过程,可以清楚地将每种价值化转为价值链中的一个节点,每个节点都清楚自己在空间生产的层化经济中的位置与价值。这就是信息空间带来的层化经济。在数字化时代,处于微观个体的企业可以根据自己的战略目标关注价值链的变化,并选择合适的方法优化、升级甚至改造价值链,这些生产活动的变化都会直接影响企业的战略选择。而在宏观整体角度来看,在价值链重新定义的过程中,市场已经按价值的实现程度,对每种产业或行业进行了价值排序与层级分化。

这是一个价值链不断被重新整合与不断建立新链接的时代。数字化和自动化颠覆了传统经济发展中对于职业和人力资源的核心假设。数字化颠覆了人们对传统工作机制的看法,企业可以重新定义生产的形态与边界,甚至无固定形态与边界成为现代企业在数字化条件下所要实现的理想状态。生产可以不断引入新的价值链接,在不同行业、不同领域下实现跨界的价值链接。这不同于传统生产中基于生产链的引入与联合,而是基于价值与利益的不断分割与组合,以实现竞争性价值为目标。

时代的快速变化和全球化迫使组织无论规模大小,都要构建价值链,以应对数字化时代带来的动态不确定性和激烈竞争。因此,创新对组织的成长和生存至关重要。数字化转型本质上是利用技术对价值链进行重塑,为了达成重塑的目标,数字化转型需要社会生产领域、交换领域具有数字化的核心能力,通过实施新的应用架构和建设模式,为社会数字化经济发展提供整体运行环境和支持,从而加快企业创新速度。

在建立价值链的过程中,数字化在应对复杂性管理方面起重要作用。在数字化生产组织架构中,跨行业、跨领域的融合项目不断增多,项目的协调管理对组织自身的意义比以往更为重要,其管理组织的建构也需要重新调整为利于项目协同发展的模式。项目管理能够针对数字技术带来的种种变化,更有效地帮助组织在颠覆性时代制胜未来。与传统组织架构下形成的常规业务相比,创新业务运营涉及流程的内外部关联,涉及人、资源、资金的流转与协同,因此也更加依赖于数字化带来的组织化与程式化的支撑。价值链的形成,对于核心要素的竞争,起到了强有力的引导作用,创新组织比非创新组织达成计划目标的成功率更高。

由此,对于生产形态引发的职业规划与人力资源投入,也引发了巨大变革,人们需要重新定义对职业与工作的理解。数字化的冲击导致人们产生由工作错位带来的生存焦虑。数字化通过对任务进行分解和重新组合,进而会改变对工作岗位的定义。生产充满改革创新,由此带来不断的更新与变动,这种不确定性也增加了传统职业岗位的不稳定性。传统岗位对应的人才需求以及知识技能需求,在数字化时代下也面临挑战甚至被重塑。在新的价值链塑造过程中,对人力资源的需求也充满灵活性与变动性,甚至在很大程度上具有替代性。新技术的引进和人机之间劳动分工的变化将导致越来越多的传统工作岗位消失,同时数字化生产需求又需要更多能够跨域流动的人才,也就是能够不断适应这种人机调整模式的人才。传统职业观从一种捆绑式的稳定转换为具有高自由度、不断重新组合的状态。

人们对人类劳动本身的思考,以及基于在价值链的连接与建构过程中需要不断匹配最佳人才的考量,因此对于人才的需求也是自由与开放的,无边界企业将变为常态。许多经济部门已经开始重新安排任务,形成新的职业类型,行业中出现了依赖数字技术的新工作任务。

在这种新的价值链建构中,以往定义明确的职业转化为越来越多的基于项目的"临时"工作。传统的职业需求是组织雇用大多数人长期从事某项固定且明确的工作,工作目标与性质一般不会发生实质性变化。而在数字化的价值链打造中,随着越来越多的工作脱离既定的界限和层级制度,工作模式开始更多地向按需和基于项目的方向演变,而且这对于企业有着巨大的潜在优势。在数字工具越来越集中的生产条件下,未来的团队将实现自行组织工作,并基于项目形式开展人力、物资、生产的组织与分配。组织结构变化造成的结果是开始呈现出不同的新工作,而这些工作是由技术定义的,这些技术实现了跨职能扩展,具有更短的、面向项目的时间框架。

数字化的改变使带薪工作转化为越来越多的独立工作。数字化使得带薪工作转向以技能为基础的自营职业甚至混合就业,人们工作偏好的多样性正朝着独立工作和自营职业的方向发展。由此,数字化带来的价值链的重构,也使得人们对知识以及学历的认知发生更多的转向。知识、教育、能力等传统方式与观念,在新价值链的影响下,对人的能力所产生的作用、价值、意义也在不断调整与适配。在未来,工作和职业将如何发展是一个复杂而未解决的问题,但旧的正统观念已经开始衰落或者改变。价值链的建构与连接要求人、系统、社会的响应与调整更加敏捷,以适应新形势带来的变革。

在数字化时代下,价值链的重构重新组织了自动化和人类之间的关系。人们认为,实现生产率提升和商业成功的未来,既不在于单纯依靠人类,也不在于单纯依靠机器,而在于两者协调。两者增强的关键是协同,即利用技术帮助人类更好、更聪明、更快地工作。当进入下一个时代,我们可以将这些机器视为创造性问题解决的合作伙伴和合作者,而不是将其视为具有竞争力的入侵者。未来数字产业的核心是知识产业的工具革命,是多种数字技术协同和人机协作形成的新生产体系。

三 经济形态的重构

信息技术暗自契合了现代性对时间与空间进行运筹帷幄的需求。时间与空间是资本生成与积累的必要维度,对时空进行压缩能够加速资本的生产与积累。对时间与空间的充分运用与掌控,对经济发展具有十分重要的意义。信息技术的出现与应用,正是加速了资本对时间与空间的利用与竞争,利用空间无限层级的生成,加速资本的渗透与成长。

在信息技术打造下,经济的发展样态也迅速转变为一种空间模式,或者说,当代对经济的理解,必须透过空间层面去理解。互联互通的互联网的加持,使得这场新的空间布局更像是一场价值链的布局。在层化式的空间生产中,价值链能够将劳动价值、生产价值、服务价值等进行抽离与分化,每种价值都会在价值链中寻求自身的经济增长模式,都清楚自己在空间的分层中所处的价值位置。

在层化经济中,信息技术可以为空间分层,这种分层实质上是结合社会生产与社会结构而来的。信息技术的加持,使互联网经济时代的实体空间与虚拟空间的形成与经营变得异常丰富与多样。一方面,信息化方式使得空间充满层次性与复杂性;另一方面,使得空间规模由原来的地域分割性统合为虚拟空间的巨量和无边性,难以计量化成为信息空间独有的特征。这为社会生产、交换与分配带来了无障碍的空间形态,任何一种经济体如果被带入信息的空间效应里,都似乎有了难以估量的规模效应。这个空间是由信息技术打造出来的,因此可以说是层化于实体空间之上的"人造"空间。这个空间可以跨越地域阻隔,但与此同时,这个空间是主观的,是受人的主观意志打造的空间,它受人们的主观设定与掌控。易言之,谁能掌握和定义这个空间,谁就拥有垄断性地位与优势,也就是获取了信息空间带来的具有垄断优势的规模效应。

层化是空间垄断,是价值在具有层次性、排他性、等级性的空间经济体系下的体现。空间并不是统一的整体,不同空间充满着竞争性。每个空间都可以吸附资本。依据吸附资本能力的大小和多寡,这个空间价值链与价值层级也像金字塔形状一样,自动按价值等级序列排列起来。每种生产都有其相对应的价值序列。当各种层面各自形成后,人们却发现建立的层际价值等级是难以逾越的。在这个空间化过程中,空间进一步分离出生产与价值这两者不同的要素与过程,生产与价值获取分属不同的领域层面。其实质就是在空间化生产中,不是优胜劣汰的同类竞争,而是生产与垄断价值的进一步分离。劳动力、资源、技术要素结合成不同的价值。资本追捧的对象,自然是需要技术提振的空间,这往往会形成新的垄断,结果就是资本投向最能吸收资本的头部企业。这些头部企业所要做的,就是使自身处于价值链的顶部,并且尽可能脱离具体的实际生产加工过程。例如,美国苹果公司在全球化的价值链布局中,处于头部的设计研发环节(产业),是整个产品价值链中获得利益最大化的部分,而生产加工的产业处于价值链的最底端。处于价值链顶端的不用去考虑其他价值链产业的获利情况,只需要保持自我价值端的利益最大化。

研发企业与加工工厂、平台与生产厂家之间,不仅存在脑力与体力、劳动与价值之间的对立,而且存在价值掠夺性的对立。越能够产出高价值高回报的产业,越能够摆脱时间积累框架下的生产劳动。从事时间积累性劳动的产业价值回报都非常低,能够获得高价值回报的都不是时间积累性劳动。这些时间积累性劳动的获利空间都非常低,在成本、生产资料一定的情况下,可以压缩的只有人力成本,而人力成本正是被马克思重点指出的在剩余价值中不断被压榨与分割的领域。但是每个行业都这样做时,带来的价值传导却是有限的,最终会被社会平均利润率拉平。空间的层化进一步缩减生产过程中产生的生产与劳动价值,人力成本成为不断压缩的对象。

在空间层级化体系下,细分行业越来越多,只有信息打造的空间才可以产生层化作用。这在以往传统的以时间为线性生产模式的资本积累过程中是无法实现的。被马克思劳动价值理论着重分析的在生产领域中形成的劳动价值,在信息化时代再次呈现出马克思对它进行的阶级分析特征——被空间价值链踩到了最底端,遭受层化经济的多重打击与盘剥。在生产环节,空间价值链将研发与生产的过程和要素分离开来,从事生产资料生产的产业处于价值链的底部。不仅如此,在销售环节,生产企业的生产价值还会遭遇平台产业链的掠夺。销售平台为产品销售引流分层,其获利来源仍是马克思所认为的最重要的、由劳动价值产生的剩余价值。作为销售领域的垄断力量,它不会创造出新的价值,其价值的真正来源仍是对剩余价值的分割与掠夺。种种商业新样态表明,传统的生产要素(如土地、普通劳动力、消耗型资源等)在新的价值链中处于价值链的劣端,并且其地位很难改变。依靠技术、高端智力形成的新的知识垄断型生产要素,正成为高端价值追求者努力抢占的对象。一个完整产品从设计、生产到最终销售完成,分属不同的价值链。在层化经济带来的精细化分工形成的各自产业链下,原料、设计、加工、生产等价值分配分属不同的层级。这不是普通生产链的形成过程,而是价值链之中价值利益分配与争夺的过程。许多产业都希望从每个产品形成的价值链中抢占价值金字塔顶端的制高点。

在这种层化经济模式下,传统的生产型产业获利比重越来越小,空间越来越低。与此同时,各类衍生价值更高的数据、咨询等服务产业所提供的服务产品,却作为生产环节的前置要素,纳入生产企业成本核算之中,因此生产成本变得更高。信息化时代催生的信息服务产业,使数据、商业数据的提供也成为支撑生产决策的重要因素。数据作为生产要素,具有了独立的商品价值,因而被纳入生产、销售、社会管理的各个环节。大量的标准化体系建设、指标性体系的建构对各类数据提出了大量的需求。

这些数据的搜集、生产、加工及销售成为信息化时代重要的产业,并且其获利也带有或多或少的垄断性特征。在美国的产业布局中,大量 IT 等信息化产业的发展,使美国近些年来逐渐脱离实体生产和加工产业,转而将附加值更高的信息化产业置于国家产业顶端。大量的低水平加工产业,如食品、服饰、资源消耗型产品等,大量依靠价格便宜且品质优良的进口产品。信息化主导的国家经济政策可见一斑,这更加剧了生产型企业在价值链最底端的生存状况。

因此,在信息技术武装和打造下的空间经济分离出研发产业、生产企业、居中生产服务产业,带来空间布局的巨大变化,使信息产业成为空间新经济布局下的垄断巨头。头部产业在社会经济价值链中脱颖而出。它不仅沿袭了长期处于头部的金融行业的某些特征,而且在一定程度上裹挟着巨量的金融资本参与其中。层化经济可以实现对经济的精准分层。空间代表着一种秩序,既是生产秩序,也是社会秩序。层化首先是一种高速的聚集、分类、划分,所有的要素从未如此能够被高速聚集,并被迅速分发和扩散,从而建立自己的平行层,同时依据空间规则进行经济价值的层化。在信息打造的空间形态下,经济层化的速度越来越快,替代性与迭代性成为空间模式下的必然状态。可以看到很多行业与产业的发展周期、风口期变得越来越短,更新与迭代变得越来越加速。

信息空间形态下的层化经济,不仅实现了经济、价值、利益分配的层化,而且其迭代速度更快。如果说以往的生产都是以时间为中轴进行的线性积累,更迭速度受到时间维度的限制而变得缓慢,那么现在信息空间形态下的层化经济,就是以空间为场景的更迭速度的加快。

城市的空间极易被打造,因而空间容易被场景化,并且这种场景化是将一种新的方式植入人们的生活场景中,且这种方式是资本发展的有利通道。空间无疑是一种新的方式与手段,是一种新的集约化模式。它可以把生产、销售、消费等要素集中在一个个缩微场景下。当各种要素适配资本化空间场景的需求时,该空间就会被用于吸收和发展资本,而当各种要素组成的空间场景不利于资本发展的需求时,场景就会迅速被替换,像拆掉舞台幕布一样迅速。我们可以看到,各类融资场景,其实质就是拿着一个个在新时代需求下的叙事场景为自己寻找资本的投资。如果这种场景的设计能够被投资人判定为有资本增殖的前景与可能性,那么就会注入投资。如果场景设计不利于资本的增殖,则会思考新的融资场景与"剧本"。在现实实践中,我们看到当初被描绘、被设计的资本运用场景非常具有发展前景从而吸引资本眼球,但一旦在市场上得不到检验,就立刻被淘汰掉。所以我们看到,大量由资本投资的市场场景,尤其是各类互联网经济下的应用场景如雨后春笋般层出不穷,但又很快灰飞烟灭般消失于市场之中。它们快速出现,快速消失,都是受资本推动。因此,空间经济场景化,就是现代化对时间与空间的一种新的发掘与呈现。资本的量化、信息的可计算化,使得每种数据化模式、数字化定义都可以嵌入人们生活的每个角落。个体的消费模式、行为习惯等都成为信息化场景计算的对象。场景化、娱乐化消费被视为新的营销模式,为资本获利搭建场景平台。所有场景化模式都是为资本服务。信息打造这样的空间,也利用这样的空间计算出虚拟空间和现实空间之间有多大程度能够达到一致和契合,从而利用虚拟空间推算出真实空间。在这个虚拟空间中,甚至要对人的感知、情感、欲望进行推算。这种模式化结构与模型越来越被视为对真实世界的反映,成为人类愈发重视构建的工程,甚至被认为比水泥钢筋构筑的工程更为重要。因此,信息化时代对数字化模式的依赖,对数字化模式推算出来的现实路径的依赖,都达到了前所未有的高度。

生产企业在各种信息化工程中,对新型营销模式的投入占比越来越高。营销模式的设计与获得投融资策略成了信息化时代的标配行为。营销路线设计得好,就容易受到资本追捧。这就导致一种倾向,生产模式、商业模式的搭建往往比生产本身更为重要。这些模式的搭建都是以空间层级模式架构的,设计的场景也是针对空间量级的消费群体。而在现实中,一旦这个场景失败,随之有更多的生产、消费场景的打造扑面而来。经济发展过程中追逐不断的空间化场景,像换幕布一样迅速,比起传统的生产经营模式迭代更快。随着大量网红经济、风口经济的诞生与灭亡,互联网企业每天都在上演资本竞技的生死速度。

互联网模式在信息时代极易被夸大,极易被资本追捧,似乎成为许多产业的发展模式。在这种思维方式与发展模式下,仿佛只要利用信息技术搭建出空间的模型与模式,获利就是巨量的。很少有人想着长期的经济、产业的驻足发展,长期化思维在信息化时代也是极为不现实的,甚至被认为是荒谬的。在风口经济的追赶下,人们往往紧盯最能迅速获利的方式与风口。而从资本本性来看,资本化的风口经济出于对资本的追逐,只会着眼于短期利益,将这种短期获利视为信息时代该有的速度与方式,一夜暴富的神话往往被传导为这个时代该有的特征。资本擅长打造网红力量,以此来引导人们的流量消费。传统的赚钱模式与速度越来越跟不上信息时代的发展节奏,似乎不符合信息时代的投资理念。

空间的迭代,同样代谢着人与社会的交换速度。人与空间、人与人之间关系的形成,越来越多地体现在网络社群之中。人与空间之间的关系变得越来越微妙,人们的现实互动极易被这个由信息垄断掌控的空间之幕遮蔽与抛弃。虚拟空间搭建的各类社群并未加强人与人之间的沟通与认同,反而造成更为广泛的人际疏离。空间被资本无限利用与放大,人不再被视作独立完整的个体,而是被放到空间层级中作为空间布局中的可消费与可利用的点而存在。在资本空间关系建构下,在空间经济的视角下,人群不再是现实世界中分散在各地的地域性人群,而是跨域、跨空间可供消费的空间量级人群。只有在信息化空间形态下,人的社会关系、社会状态才可以做到如此这般。

空间迭代还加剧了城际间的更替与迭代。大量优势资源因为虹吸效应而聚集在特大城市和大城市中。这使得这些特大城市在产业链、价值链布局中占得头筹,对人才的吸引越来越明显。与此同时,对人的淘汰速度也越来越快。互联网信息产业特征明显的城市,其竞争是对人才的竞争,更进一步说是对年轻人才的竞争。因此,在这样的迭代速度下,大量"35 现象"层出不穷。空间经济的迭代,同样迭代着就业人口的职业周期。知识、积累、经验不再是从业的重要因素。而可消耗的年龄、体力、智力,贴合产业发展周期的从业生命周期才是互联网企业最看重的,甚至产品迭代与人的从业周期是一致的。大量互联网企业需要大量的新鲜人才血液作为产业发展的基础。

空间的层化与迭代在应对资本过度积累问题上,具有转移和吸纳的双重作用。大量的资本进入信息领域,用于对社会空间与基础设施的建设与改造,通过多域空间来吸附大量资本。当现实中的空间改造力量屡弱时,资本的力量又投向虚拟的元宇宙建设。这是在信息技术时代现代性对时空极致利用的深度表现。既然时间可压缩的空间在不断缩小,从时间维度上获得资本利益最大化的可能性越来越小,那么只有从空间维度入手。信息技术能够帮助资本打造多重的空间,缔造多重的空间关系。只要这种关系存在,这种空间网格存在,它就能帮助资本吸收更多的资本,从而使资本达到增殖目的。因此,资本不会过问这种空间从何而来,是现实的还是虚拟的,是真实的还是虚幻的,只要它可以被建造出来,那么它就是资本可吸附空间的真实存在。资本打造了元宇宙的存在,现实空间与虚拟空间的经济发展真的实现和谐共生了吗?虚拟世界的消费却是需要现实世界真金白银的消费,它无法摆脱现实物质财富的真正来源。

信息技术参与的资本运动更容易形成垄断和泡沫。信息可以打造一个巨型无边的吸收资本的“空洞”,可以吸附大量的资本投入。在信息打造的资本版图中,资本沉淀的方式却会变得单一。当大量资本投向风口产业时,则在另一种程度上表明资本投资的渠道在变窄。资本大量涌入热门技术赛道时,会忽视对许多基础行业与产业的关注。尤其是基础型制造产业和劳动集聚型产业,会被认为是“落后”或不合时宜的产业。这种资本投资的分化,会造成处于社会基础地位的中间生产层的上下层之间的断裂,而与广大人民群众密切相关、关联千家万户的制造业和服务业的存在则是最真实的社会存在。因为缺少这样一个创造社会财富的基础产业层,社会财富形成的真正来源无从谈起。这个层面涉及社会最广泛人群的真实存在,脱离社会生产这个最重要的社会经济基础,整个经济发展则会陷入空心化。信息带来的智能化技术发展旨在赋能这些基础产业,但不能剥夺这些产业的利润份额,也不应挤压其生存空间。

新的区域不平衡是在以信息产业为主导的布局下展开的。空间迭代对土地依赖较少,土地也参与到层化经济与价值链分化之中,不过其迭代速度相对较慢。土地的价值链也出现集约性的马太效应。在城市空间区域价值不断突显的过程中,土地利益价值最大化的取向已经把不利于资本高速吸收与发展的非商业要素排除在中心城区之外,由此带来市中心的地租越来越高,资本集中在高价值的市中心地租上。高位地租不会给实体经济带来任何好处,相反,它极易损害实体经济的生态化健康发展。土地并非一般意义上的商品。其价值源于对未来租金的预期,是一种虚拟资本形式。这种价值取向导致土地的利用出现两极分化。土地价值的期望是一个长期效应,但在空间经济下也参与到经济的层卷热度中来,成为资本吸附与资本沉淀的重要工具。

从整体来看,城市的空间化结构从来都是为了便于吸收剩余资本,促进自身发展的。而对于这个空间能在多大程度吸收和保留剩余劳动力,则不在城市空间结构发展的优先考虑之列。长期以来,城市依赖城市化发展,吸收农村剩余劳动力作为支撑自己发展的基础与依托。但城市化建设周期很长,依靠固定资本投资以及城市公共基础设施建设来吸纳剩余资本,安置剩余劳动力的做法,其边际递减效应也越来越明显。这就需要建立一种快速带动经济循环发展的新模式。信息技术可以帮助建立起这种快速的经济模式,空间的层化、经济的迭代、价值的分化都能在信息带来的社会结构变革中找到新的动力与发展空间。当资本增长的要求驱动信息技术的这种加速发展时,信息催化的经济发展过程越来越快。市场发展迭代周期越来越短,其实质是可被替代与淘汰的商品越来越多,更为严重与可怕的是可被迅速替代的不仅是商品本身,还有依信息化模式建立起来的商业模式、商业场景,甚至是经济周期自身。在快速的迭代作用下,经济很难有长足的增长与发展,资本可吸附的空间不断收缩,越来越难以实现长足发展。这就是信息革命带来的空间层化效应与迭代现象所具有的双刃剑作用。如果不对此加以足够的重视,那么信息化消费场景、生产场景就会越来越难有长久的生存与发展。

第四章　人工智能的叙事

　　人工智能是信息技术发展的高阶阶段。在大数据的技术前提和社会应用场景支撑下，当数字化的量级与能级达到对世界足够的描摹之后，信息技术必然有更高的晋级与自我发展驱动的内在要求，人工智能便呼之欲出。人工智能使信息技术站到了历史发展的新高度。在人工智能面前，大模型建构的意义在于模拟人的逻辑思维范式，它不仅要实现基于结构化程式设定的对事物的接收与处理，还要实现基于自然语言理解后的输出过程，即能与人实现交流与对话。

　　从自然世界到人工世界，在人工智能科学的知识体系当中，计算本位的算法主义占据着主导地位。在这种观念下，万物都可以还原为计算，透过算法来编织人工智能机器的思维模型。这种透过计算布局以及算力加持的人工智能，帮助人们加深了对世界的理解，但是永远无法超越人的心智能力。计算与理解分属于不同的心智领域，人工智能能够达到超高水平的计算能力，却无法进入人的心智领域。

　　人工智能革命，在向人类展现与传统物理世界平行的全息数字世界的趋向中，一方面通过建构人类语言思维模型来实现对大量知识的汲取，另一方面在知识的汲取过程中引发了知识泛化与消解，使得知识的传统权威与来源不断遭遇"贬值"，使得知识的边界、知识的价值越来越模糊。在传统的知识社会化体系中存在的知识贮藏、知识生产、知识呈现，如今的存在感变得越来越弱，许多行业在逐步弱化和消失。在人工智能面前，知识的价值感在消失。是进行转型变革，还是需要价值重塑？这是人工智能时代的新命题与人类的新思考。

　　人工智能加速了人类与世界关联的速度。也正因为如此，人工智能在以算法为中心的技术赛道上一路狂奔。那么，人工智能是否占据着信息化时代的主体地位？人工智能的发展应当是对技术赛道的关注，还是应当置于社会多重维度的考量呢？我们认为，人工智能的价值边界，应该是在与社会发展、经济促进的协同作用中界定其价值与意义，而不是盲目热捧技术。人工智能不是鼓吹的技术神话，不是人类未来发展的技术与精神救赎，而是应不断回归人的本质，回归人的需要、社会需要的价值本位当中去，方能显示其真正的价值。

一　在计算与理解之间

当前科学的推动与发展不再仅仅是理论变迁，而是科学与技术合力打造实践活动的过程。技术的快速发展往往能够成为科学认知与理论的先导力量。人工智能也不例外，它是信息技术发展到一定阶段所出现的历史必然。人工智能能够给人带来价值，无论是显性的经济价值还是隐性的社会价值，它都是未来若干年发展的技术热点与社会发展引擎。人工智能受到资本与技术的热捧之后，仿佛整个世界都在为人工智能欢呼和鼓舞。无数的芯片、算法与模式、平台与基础设施筑就起人工智能的技术世界。人工智能在帮助人们制定路径和判断策略的同时，我们也应对其本质与趋向进行理解与前瞻性思考，从理论认识的传统观念延伸到更为宽泛的技术文化与实践的维度思考，通过历史审视对技术进行反思，从而判定这种智能的有为与无为及它的发展限度，从而反观其在人类发展中的社会价值与历史意义。

人工智能是信息技术领域方兴未艾的发展热点。在人类借助大数据、数字化技术为世界精准画像并获得巨大成功后，人类更有信心创造出一种能够听从命令，随时做出精准响应，还能根据不同情境智能应变并输出结果，甚至可以与人类自如对话的类人脑思维的智能机器。现阶段，人们通过构建大模型，试图建立起一个类人脑的思维模型，用于实现智能响应与反馈的人工智能。从目标功能上来讲，人工智能主要有三种类型的智能行为：机器学习、推理和输出、解决问题。机器学习是向机器喂养数据和获得知识反哺的双向过程，也是实现相关功能的技术前提，机器能够透过数据习得人类的部分思维方式，从而获取新的或修改现有的知识，以更有效地实现人类的期望。生成式人工智能基于机器学习，以匹配甚至超越人类部分智能的方式去"思考"并输出结果，助力人们快速检索并呈现机器"思索"的结果。这也表明，人工智能不仅要单向度地完成人类向其发出的指令，还能"主动"帮助人类完成"思考"的过程并反馈结果。

人工智能是人类认知能力的技术外化，同时构成了改造世界的现实力量。在人类认知能力的不断外化与呈现的过程中，以计算机编程为代表的理性与计算思维逐步成为信息科学中成就其自身的必然建构模式。算法思维追求一种对认知、心智、生命乃至宇宙的确定性描述以及具象化理解，目的就是要把具有模糊特征的表象世界以符号化、逻辑化的方式加以固定下来。一直以来，计算带给我们的是不可思议的强大预测力，甚至使人们笃定计算主义可以成为一种世界观。

基于算法的信息科学认知，是自信息技术诞生和发展以来一直相伴存在的观念。这使得算法备受推崇，以至于算法被奉为信息世界第一位的存在。如果进一步追问，算法是什么？很多人默认这个问题无需追问将其视为信息技术的先决条件。因此，信息技术一直执着于算法赛道，并在这个赛道乐此不疲地追逐与演绎各路算法。计算主义取得的巨大成功给予人们完满解决认知难题的希望与勇气，它不仅将计算作为研究人类认知的主要手段，还当作目的，甚至在哲学层面将人类认知和心智的本质视为基于规则的符号计算。

计算是人类独有的心智能力，现在把这种能力投放到外化的对象物——信息化的方式中，但人的心智能力绝不只是由计算构成的。计算是人类的理性方式与手段，现在要把这种维度外放给机器。机器不可能具有人的心智，那么如何能够做到与人类达到共通？唯有在计算能力这条线索上达成一致。也就是说，计算是人类与机器之间共用的拐杖和绳索,是人类能与机器达成共识的唯一线索。计算能力可以通过人类心智进行外化,同时能够被机器所接受与模仿。计算是人与世界进行对话的工具与中介。由此看来,机器从机械走向智能,本质就是算法的累进、叠加和优化的过程。

算法是人类心智与机器之间共用的思维把手,但也是机器与人的心智之间难以穿越的分界线。算法可以穿过一定的物理世界,但物理世界依靠算法还难以通过算法这个工具跨越到人的心智领域里来,这因为人类先天独有的语言、理解等诸多心智因素是无法再造与超越的。

首先,在人的心智看来,计算本身只是人众多官能中的一部分。计算是一种主观现象,一个事物是否具有计算性,是否成为计算的对象,已经在心智中有了自然的判断与筛选。所有可以被心智把握和捕捉的事物,是否需要计算,能否成为计算的对象,本身就有一个来自人的心智判断。也就是在计算成为计算之前,已经有了一个来自人的心智的预先判断。如果通过计算来判断计算是否成立与具有可能性,那势必产生大量的计算冗余和不必要的前提。

计算从形式上看是从一种符号向另一种符号迁移和映射的过程,这种关联依靠的是因果关系和逻辑合理性,是在有着明确界定的有限范围内受规则支配,没有情境关联的、简单形式逻辑活动的信息处理过程,并且重要的是去情境化的、纯粹的、降噪后的形式符号。相比之下,人类心智实现的是人与情境共同作用下的实践活动,是需要想象或直觉的顿悟,对人类生活不确定环境下生发出来的问题做出回答的心智过程。大多数情况下,我们无需以精确的方式去应对和处理生活世界中发生的事件,更无需以纯粹理性的计算程序来决定我们下一步要做什么。从这种意义上而言,现实的生活世界不是依靠计算,而是依靠人自身的心智理解。计算无法实现这种复杂情境下的理解,它所能实现的就是基于大量情境,在去除丰富语境和语义后,对大量重复出现的关键词的提取,透过量化方式进行提取和筛选关键词以及不断地在同义词之间进行语义关联与转换。

这是否也表明，机器计算可以被视为人类理解的另一种存在方式？也就是说，通过计算的方式达到人类的理解。这也就带出一个问题，计算力是否等同于理解力？就人类而言，计算只是人类理解当中的一种方式而已，计算可以帮助理解，但理解决不限于计算。就人工智能的机器而言，机器是服从与执行，即使能听懂人的语言，也是从万千符号中提取出来的可执行命令。它似乎能听懂人的语言，但是始终是捕捉其能执行命令的关键词，并不在意人说的那些在它看来虽然丰富但是多余的废话。因此，机器不是理解，而是执行。

计算可以帮助人类进行精确理解，从而将真或假的判断融入理解结果中，从而校正人们的理解。但是这个思考与判断的过程，仍是独属于人的心智理解。机器只需判断而无需理解，因为理解是一个连贯而持续的过程，需要语言、情境、思维多种载体的融合。

计算是将对象物以形式化和符号化的方式再现，而理解不是纯粹的再现，它是在新的视域中生成了新的意义，所以心智的理解过程就是一种再创造过程，是一种意义不断生成的活动。从这种意义上说，理解活动似乎无需借助计算来实现。除了计算力之外，人类心智更多地体现为某种理解力。理解力是一种对事物宽域的呈现与把握，即不仅能在极简状态（关键词）去把握事物想表达的，还能在上下文之间，触类旁通之间建立起广泛的语意场，不仅知其一，而且能知其二。

因此，理解作为一个开放的过程，不断会有新的要素汇入，意义因而是不断涌现和生成的。人的心智面对情境是一个不断与外界交互的过程，人们可以随时应对一个情境，同时也能随时创造出一个情境。原因在于理解活动中，理解的指向或者说理解的对象并没有设限，并不需要统一的严格范式来对理解活动进行约束，也就是说，理解本身似乎是没有规范性的，不需要理解的对象物具有规范统一的格式。计算系统或模型只是单纯地在进行信息加工。相较而言，计算机不会产生对相关情境的联想，它具有的是符号、规则以及算法，是利用这几种工具进行计算。计算模型在处理具有开放关系和非结构化问题时会显得手足无措，因为它不具备这种能力。此外,遵循线性形式规则的计算难以应对不断生成的多种意义的可能性。

计算是基于一种完全抽象化的思维,本质上是对纯粹理性的推崇与模拟,是可以用准确指令清晰表述的东西,而理解显然不属于这一范畴。我们认为,计算与理解的区别代表着描述对象或世界的两种方式,前者以抽象的、严肃理性的方式描述世界,后者则与之相反,以具象的、感性的方式描述世界。感性是理解所独有的对情境把握的能力,因为我们可能会在理解的过程中掺杂自己的体验,甚至是对个体生命的体验。计算关注的是对象在思维中可以被抽象化的部分,而不是对象本身。在计算主义的语境中,理解世界相当于建构语言,语言的结构即是世界的结构,它试图在脱离情境的前提下建构符号与世界之间的映射关系。相反,理解是人与自身所处的情境之间形成的一种联系,与情境的关系决定了计算与理解的差别,在我们看来,需要将计算纳入理解的语境中才有可能实现两者的通约。

解释是一个借助语言将理解外化的过程,因而不同于理解。理解是一种内在的心理和精神活动,它可以在心智中得以明晰,但不一定需要表达,"意会"与"言传"分属于不同的心智领域。语言本身属于人类的心智系统,是人们用于进行解释和理解的工具。解释是一种语言的外在表达,主要以文字、语言为载体,理解更重要的是一种心理层次的表达和实现,是在心智内部对意义的运思,而这种理解一经说出口,便成了对某物、某事件的解释。一言以蔽之,理解与解释都具有语言性的特征,一切的理解与解释过程最终都要落在语言之上,都是通过语言系统而产生了一种语言性的存在结果。语言是存在的家,维特根斯坦也将语言的界限看作世界的界限。只要涉及语言,就必然会牵涉到理解和认知的问题,反过来说,一切理解和认知都发生在语言之中,理解者与被理解之物、认知主体与认知对象只有在语言中才能产生具体的关联。计算模型使用的人工语言在确定其规则时是掠去情境的,只能通过规则的描述捕捉对象的结构要素,来实现对人的语义的把握。

　　语言在人工智能与自然语言两者间有着不同的发展方向。计算语言和自然语言由于使用不同的符号表达系统，因而两者之间存在着一条天然的鸿沟，意味着它们在对言语行为以及对象进行处理时，有着各自独特的说明和描述。对语言的重视与技术攻克，对语言学、心理学的学科关注，是信息发展到人工智能阶段时的再度觉醒，这也成为人工智能技术在相关领域孜孜不倦的努力方向。语言不仅仅是逻辑结构，更是情境综合体，是包含着历史前结构的先天装置和打开未来的开放性通道。表面看来，人的理解活动与计算相去甚远，但是一个普遍性的原则告诉我们：任何通过语言来表达的理论，无论是自然科学还是精神科学，它们作为知识都存在着通过语言对语言进行诠释与理解的问题。

　　作为信息技术发展的巅峰，人工智能的底座仍然是算法建构的人工思维模型。那么，成为智能的先决条件是什么？从系统学的角度来看，即决定智能的组成要素以及要素之间的关系是什么？从认知科学、生物科学、文化等多角度来审视智能，在跨学科研究中对智能进行界定成为问题的关键所在，即对智能的定义也是在跨学科研究的过程中不断生成的理解。在哲学、认知科学、语言学、心理学等更多学科中，对于将算法奉为人工智能底色的观点，人们不能达成共识，或者说，只认同算法的人工智能，是狭隘且危险的思想观念，是不会长远发展的技术短视，只会使其囿于这种算法困境，为自身带来更多限制想象与发挥的枷锁。并且越是把信息作为一种技术来处理与看待，越是容易把它视为一种工具，而缺乏能够更宽视域看待它的思想外源。例如，越是聚焦于技术思维，越是执着于具体的算法以及用工具化思维方式解决问题，越是容易把信息看成由一个个代码构成的世界。

　　人类无法将自身丰富性与复杂性还原为一串串的代码。人的心智涉及语言、传统、历史、思维方式、情感、情境以及情绪等一系列因素。人工智能执行的是符号运作的技术进路，接受的是一种关于科学知识的规范概念，沿袭的是客观主义的认知立场，遵循着严格、精确的程序与规则。唯有中立的、不带偏见的符号范式才能保证人工智能处理知识的客观性，对人而言,这是无法实现也无需达成的。人工智能则成为实现这一设想的典范,它形式化地模拟了人类思维的各种认知功能,从而无限接近理想的目标,即追寻普遍性的、无关个体的推理准则。人工智能朝着"理解力"的金字塔尖推进,但它们实现的只是一种"机器理解力",无法实现带有自然和文化属性的人类理解力。

我们不能过多地苛求人工智能在技术上能达至与人类心智相媲美的程度,这也启示人类应在何种程度以及从何种视角去看待人类与人工智能的关系。技术只是一种手段,而不是生存之境,人工智能可以帮助人类做很多事情,将人类某种单向度官能发挥到极致,但是它不能褫夺人的生存之境。人工智能将理性发挥到极致,这种理性不应迁移到人类丰富多彩的存在之境遇之中,去漠视人的本质的丰富多样性。智能从来不是技术标准,不是强调它给人类做出多么迅速与精准的反应,而是在多大程度上能够适应人的真实需要。技术从来不应当是人类担心的问题,人工智能的终极也绝不是技术问题,而是它的价值发展方向。人工智能不能成为挤压人的生存境地的异在,不能成为把人抛出生存之外的强制。机器始终是冷冰冰的对象,它为人所掌控、所运用,我们不能沿着机器的线性算法思维去扼杀人的现实丰富多样性与人的情感需求。智能的尺度、算法的路径以及与人的价值边界,必须在社会的价值伦理与情感道德中展现,这才是人工智能发展真正的意义所在。

二 知识的泛化与消解

当前,世界发展面临着全球化和知识化的推动格局。知识是人类永恒的宝贵财富。在人类历史发展的长河中,正是通过知识的积累与传承,人类创造的物质和精神财富才得以历史长存,进而推动着人类的社会发展与历史进步。在对知识的哲学解释中,亚里士多德在《形而上学》中把知识归纳为三大类:"所有知识要么是实践的,要么是创制的,要么是理论的。"知识是实践基础上对事物的理解与认知,是人类对事物理解的理性认知形式与精神成果,是人们认知世界方式中可靠的成分。

美国学者阿尔温·托夫勒认为,人类的力量有三种基本方式:暴力、财富和知识。暴力是低级力量,财富是中级力量,知识则是最高等级的力量。在他看来,"无论是暴力的运用还是财富的获取,依靠知识的程度都是惊人的"①。也就是说,知识是人类在实践智慧中凝结起来的,能够给世界赋予能量的力量,是人类积极利用并加以保存的珍贵财富。

社会知识化与知识社会化在历史发展的推进中已成为时代发展的格局。创造知识、积累知识、传播知识和运用知识,构成了社会被知识化建构的高度缩影,以及知识被社会化运行的能动体系。这表明,在知识与社会的相互影响与内在关联中,知识既是社会产生的根源,又对社会的发展产生深远的影响。知识的生产、组织、运用、分配、储存和传播,以及知识政策及其后果,在很大程度上说明,知识不是一个简单的、仅表征认知的语义概念,而是一个具有社会化属性的概念和历史过程。因此,我们需要通过社会和历史的发展脉络来审视这一概念。

知识是一个地域概念,是人们社会实践活动的智化体现。因为人们在不同地域、不同环境、不同生存条件下形成了各自的生存样式,所以也在这种基础上生成了各自的文化与文明样态,知识是其中的一个重要而突出的表现与方面,知识从属于各地域(民族、国家)文化体系。知识是各地域下人们生存智慧的智性体现,是在各自思想与文化体系下形成的对世界的认知。正因为如此,我们可以看到,在不同地域与文化下,人们对知识形成的方式,以及形成的不同范式与样态都有自己独特的主张与特色。例如,不同的地区、民族、国家,都有独属于自己的语言、艺术、天文、地理等不同的知识理解范式。不同地域下,人们都有不同的理解方式和表达方式,这构成了知识的真正来源,并说明了知识在不同地域下形成时具有的独立性和独特性。

知识在一个社会中体现为一种稀缺性的资源。知识是社会实践基础

---

①　[美]阿尔温·拖大勒. 力量转移——临近 21 世纪时的知识、财富和暴力[M]. 刘炳章等译. 北京:新华出版社,1996:18—19.

上人们精神升华的凝聚和劳动智慧的总结。它源于实践劳动,但是经过智性总结与积累,又成为一种具有抽象性与概括性、能体现人的能力的资源,对人类实践劳动具有高度的指导性和提升性。知识的存在与加持,能够对劳动的具体形式做出区分,可以对脑力劳动与体力劳动做出划分,它可以是脱离具体的体力劳动的独立存在,从而它在无形之中又具有划分社会等级、区分人群、区分职业分工的社会功能。人们往往把不从事体力劳动的人群奉为社会上层,这些人进而上升为统治阶层。所谓"劳心者治人,劳力者治于人",说的就是知识对于社会分化的作用。因此,知识以及知识的获得方式被奉为社会稀缺和管控的资源。权力的获得,在特殊历史阶段或许可以通过武力、战争等非理性手段获得,但是社会的发展与管理,必定要通过知识才能得以长久持续。因此,统治阶级不得不重视对知识的形成过程和分化过程的掌控。这个过程决定了谁能获得知识,也就是谁能获得社会阶层跃升的特权。一旦被赋予获得知识的权利,相应地就可以脱离具体的体力劳动,摆脱从事体力劳动的命运。因此,从历史发展过程来看,每个社会历史发展阶段,对知识的供给都是以一种稀缺性资源的形式来呈现,无论是中国古代的私塾教育、科举考试,还是近代的学校教育、大学教育,都是对知识作为稀缺性社会资源的管控。

知识是差异性互补的存在。由于传统以来地理地域空间的不连通,知识被分割分散在世界各个角落,知识也不具有世界连通性。每个藏在世界不同角落里的知识都具有独特的价值与魅力,是值得人类不断去探寻的历史宝藏。当有了地理大发现以及全球工业化开启的现代性推动力量,世界各地的人可以进行文化思想交流与互通时,就突出了不同地域下,差异性认知成果带来的互补性价值。未被发现及认知的差异性知识,一旦传播到另一个地域,就会构成新的发现与知识来源,就会形成新的知识。这种传播越广泛、越深入、越持久,这种差异性带来的知识就会源源不断地形成。

只有到了现代社会,知识的公共服务供给才得以出现。这突出表现为近代以来公共图书馆的出现,公共图书馆实现了这种具有社会价值与社会服务性质的社会文化功能。图书馆的出现,弥合了社会中不同教育背景、阶层、职业、分工之间的差异。通过面向无差别人群的知识流通与知识供给,所有人都可以共同拥有并分享这种来自所有知识门类的社会成果。这也正表明了社会文明与进步的一面,以及图书馆无可替代且不可磨灭的独特价值所在。图书馆的形成与发展,印证着社会文明的程度,是彰显社会政治、经济、文化和谐发展的重要标志。缺少任何一个要素,都不能使这种公共知识服务的样态和价值得以延续和发展。

严格来说,知识并不具备真正意义上的自由流动与流通性,它总是在特定的社会形式下被束之高阁成为一种被垄断的、具有竞争性的资源。如果说"知识无国界",那也只是在一定语境下可以成立的命题。这就表明世界各地,都存在着各自独创的知识,并且每种地域下的知识都具有独特价值,是不可被抹杀的。正是因为知识生成的多样性,每个国家都有值得被尊重的知识,进而形成了人类文明的多样性。

打破知识的国界,使知识具有流动性并具有共通一致性的力量,来自近代自然科学的发展以及随之兴起的现代性力量。自然科学的发展使得人们对传统认知有了颠覆性的改变,科学的观念占据了人类的思想,这就打破了人们历来对各自主张的神学、经学、伦理学等传统知识的认知,释放出人类理性的力量,也使得人类理性有了统一的规范与样式,那些在形式逻辑上趋向一致的计算、公式就有了通约性,并且是一种知识带来改变现实世界的力量。知识不仅是人的思维认知成果,更是改变世界的现实力量。由此,知识就有了通行于世的统一性。

现代性释放了理性的力量,也为理性的形式制定了统一的规范与格式。因此,我们看到,当代世界之所以能够互联互通,就在于共用了一套规范的知识范式,这使得世界的沟通与社会发展有了共通的基础,以及可以形成对话交流的前提与基质。也就是说,现代性社会的建构与运行是在一个共同的知识理解框架下进行的。正是因为有了共同遵守的知识范式,使得阿拉伯数字、公式、标准、技术指标等具有了共通性。我们可以看到,近代数学、物理学、力学、化学、机械学等一大批自然学科的形成,成了现代性版图下人们共同学习与遵守的知识范式。这些自然科学在世界范围内的传播与推广，取代了传统以来各个民族、国家固有的知识典范形式，而一跃成为现代性工业社会以来的共同知识范式。知识因为有了共同的范式，所以具有了全球的流通性，成为全球通用的另类语言。有了这种共通的机制，谁在知识范式上制定出相应的标准与准则，谁就具有了知识话语权，以及在社会某领域的垄断权，就具有可以抢占的先机。由此，知识就成了具有竞争性的资源以及被打造的对象。知识具备了像资产一样的产权属性，保护知识就像保护财富的所有权一样重要。知识成了社会化生产的对象，而知识的生产过程本身也可以被视为一种知识。知识促进了技术的形成。尤其是在工业化时代，技术成为社会生产力发展的主力军。技术是知识的具体化，是被知识赋予的能力与能量，同时技术的不断提升也在不断重塑与凝聚新的知识。技术与知识两者在共同实践的基础上形成了相互促进与相互转化的关系。人们构筑的不仅是知识，而且是对知识的定义。

我们当下所能感知、理解、接受的知识，都是现代性形成的知识，它构成了我们理解世界、认知世界的视角和方式，定义了我们的生存方式，并进而带有社会话语权的强制性。当一个时代都信奉一种知识范式时，那么这个知识就强化为社会秩序与规则的显现。例如，生病就要去医院看西医，人与人联系就要通过手机和网络，这已经形成了当代人所理解与认知的必然与天然的先验存在。所以知识不仅仅是处于静态、作为人的客体的思想对象物和凝结物，在社会动态发展变化中，还构成了我们当代人的认知起点和社会存在。

科学的权威以对知识的坚守为要点。如何判定一个新的科学主张或者知识论断是有效且可信的呢？在知识专业化程度越来越高的现实中，对于每一个具体的科学论断，不管是对所提供证据的可靠性，还是对资料分析所做的理论推理的严密性，人们都无法做出个人的理性判断。科学越"费劲"，这种说法越有道理。因此，判断一种论断或知识的可信性时，我们倾向于以著名权威科学家长期积累的证据作为判断标准。例如，我们用可信度来评定新闻出版物的等级,依据权威期刊来判断所表述知识观点的可信度。

为什么通过这种架构搭建起来的知识具有可信度呢？一般而言,因为某一特定的狭窄的知识领域里有一些专家互相密切监督。如果资料质量差或推理不严谨,甚至有什么认知偏差,就会遭到专家的质疑。由此,相关的专家之间的无异议即被认为是某一领域认知达到了一致,而这种一致会让外界的人放心,可以作为可靠的信任源而将这种方式得来的知识纳入人们的常识体系。

这些专家的一致意见可以成为人们信赖的依据。给予信任与尊重主要基于他们接受过值得信赖的良好教育,理性而无价值偏差。一般而言,人们认为,专业知识很难获得,它需要经过长期严格的训练,是在一整套规范严苛的教育体系下,通过学习、训练、论证等过程得来的知识体系。也就是说,知识的获得与传播都不容易,方显它的珍贵与来之不易。我们习惯认为,主观的知识,例如哲学、文学、艺术会有争议与非固定的标准,而科学具有确定性,因此科学这个词是有客观价值的。

权威的树立,还依赖于中心地位的树立。学术权威,来源于大学与精英教育的中心地位的确立。这种确立,把一般普通大众隔离在权威所处的中心地位之外,以此确保其社会威望性与话语权的重要性。社会权威,来源于官方的媒体与媒介所发布与传递的消息与观点。

在信息社会,科学正受到攻击,以知识正统性与权威性树立起来的科学范式正遭遇瓦解。科学不再享有它长久以来一直具有的那种作为真理的可靠形式的无可争议的威望。随着网络时代的兴起与快速发展,一切传统稳固的权威方式都被打破。知识的遭遇如何呢？信息社会是如何建构知识的呢？信息与知识的关系如何呢？显而易见,我们决不会认为信息等同于知识。在人们经典理解与解释中,知识一定是经过规范化且可靠的理性认知,是遵循一定科学范式检验过的认知成果,而信息则是来源广泛,未经论证的存在。知识是经过整序、提炼和组织加工过的信息,而信息则是缺乏知识内涵的无序存在。这是基于将知识与信息都视为认知的客体而得到的理解，而事实上，信息早已不是仅作为客体存在的对象。在信息社会，信息不仅是生成的对象，也是建构事物的力量与方式，知识同样是其建构的对象之一。在信息化社会下，知识同样遭遇信息化的裹挟。

信息以其快速、敏捷、高效、轻量、未成体系的特性，迅速演化为一种观念般的存在。信息是互联网时代知识碎片化的存在，它渗透着互联网思维，即传递、表达、分享比知识本身更重要。信息在于能够迅速进行传递与分享，并且是轻量的知识传递，而非传统知识体系中载量过重的存在。因此，信息以它的简洁、快捷、片段等符合互联网风格的特性，对知识进行剪裁、包装、整合、传播。也就是说，传统的知识社会化体系，现在都在互联网的信息化方式下进行。正是信息碎片化、不连贯的存在方式，承载着知识的包装、传递与分享等过程。知识在当代变得轻量化了，以信息化的方式获得了不同于传统的另类存在方式。在这种转变下，人们不需要对知识有过载的调度与使用，而只是对它截取可用或有用的部分和片断，即可进行快速的分发与传递，碎片化正是其信息化存在的"应有之义"。因此，传播的意义大于知识本身形成过程中产生的意义，知识的形成是一个被现代信息化方式"肢解"的过程。

在日常生活实践中，我们获取客观知识的过程需要一定前提条件，这一前提构成了知识可靠性的原点。换言之，为了确保知识概念的确定性与准确性，这个知识是需要在一定的实践活动过程中或曰在知识的生产过程中获得的。只有当这个过程越具有客观性和来源的可靠性，它才能为日常感觉和知识概念提供思路，成为我们思考与从事研究的认知基点。在人工智能维度下反观知识的来源及生产过程，会发觉在智能共同体的共同规则下，知识作为理论概念的价值存在被忽略，被工具逻辑所包裹，进而成了智能时代下泛化的对象与"物料"般的存在，是一个不断被算法构筑的画像存在，距离传统的知识范式越来越远。

在信息化方式下，信息的获取变得轻而易举。网络空间成为人们社会生活与交往的主体存在方式。传统的知识获取方式，知识传播与确立的方式都遭遇网络化方式的瓦解与重新定义。过去,人们的阅读是单向度的基于主体文本的阅读,是一个作者向读者进行知识输出的单向度过程。而现在,阅读是一个多维度开放的过程,作者只提供一个阅读素材,任何人都可以对其进行阅读与评论。在这种方式下,作者甚至都不能称其为作者,而是更像一个话题发起人,任何人可以就这一话题做出自己的看法与评论。由此,传统的阅读架构与权威消失了。

　　对于任何观点,人们都可以公开表明自己的看法。网络"众筹"的方式方便了人们获取知识,甚至每个人都可以对知识进行加工和包装。网络是一个开放的体系,是一个可以有无限观点、文本交汇的聚集地。例如维基百科,打破了传统权威对知识的注解方式,成为一种开放式的、任何人都可以编辑的知识百科网络全书。

　　分享知识与资源,建设信息共享网络或平台,这仿佛是网络信息社会独有的做事特征和风格。由于网络化的方式可以带给人们一定的透明性与准入性,它会促使人与信息空间进行合作,并且是越来越深度的合作。这仿佛是一个超现实的时代游戏,人人都与这个时代有了最为密切的关联与合作。信息时代的话语建构很容易让人迷失其作为工具性与目的性的界限,模糊作为交付与让渡权利的界限。这种存在可以把人们联合起来,从而置身于一种全球性以及无边界的共同结构之中。这种存在仿佛让人感觉不到世界的差异与国家的边界,而似乎处于一种世界的共在之中,并且这是技术理性编织的世界共同体的共在网。这种世界性的"联合"就像遍及社会各个触角的神经细胞,能随时感知世界的存在,从而接收来自世界的信息。

　　网络似乎一下打开了知识洪流的闸门,人类存在的方式也在经历一场大突变,变化是如此突然,如此猛烈。传统阅读的衰落、人与自然之间的隔阂、知识的泛化、文化的失落,都随着这种信息化变革而不断上演。正是这种无边界性对人类接收信息造成困扰,让信息化社会成为一个名副其实的过载社会。信息犹如翻腾高涨的洪流,将人淹没。它又像炮弹,以迅雷不及掩耳之势,从四面八方向人们一波波袭来。知识已经变得不重要,人们对知识的崇拜与迷恋,已经被信息化的浪潮一次次消弭。知识的来源与权威似乎不重要了,每天扑面而来的信息已经使知识变得不那么重要了,只要打开手机,各种信息扑面而来。知识混杂在这些浪潮之中,变得真伪难辨,人人都可以迅速将自身的言论包装成知识。而人们对这种知识获取方式的接受度,似乎比传统知识获得方式更高。在一大堆看似合情合理的包装中,真理与知识似乎更加难以寻觅了。

知识的本体一旦放到网络系统中,将失去主体权威性特征。权威与中心的剥离越来越彻底,二者之间的差距也越来越显著,网络恰恰是去权威与去中心化的过程与演化机制。越是身处巨大的虚拟空间之下,知识所具有的权威主张实现起来越困难,人们甚至不清楚自己能拥有什么,或者在多大程度上拥有怎样的知识。网络民众更倾向于相信被越多的人看到的网络流量所带来的传递,似乎这样的知识越具有真理般的存在。一大堆信息往往不能告诉人们哪些是所需的知识。并且,知识在这种泛化下并不能确保给人带来智慧与启示。当信息变得极为丰富,尤其是在一个实现所有人都网络平等的环境中,在信息与知识、信息与意义相分离的世界里,知识所具有的精神滋养功能已经衰落。手段的便捷、时间的速成、空间的无界,正在改变知识的传统功能与意义。

知识的贬化到了如此地步,并没有停止它的脚步。人工智能的诞生更加速了这一过程,带来的局面是难以估量的。正是由于有了机器学习的功能,看似帮助人们解决信息爆炸的阅读困难,实则是把知识进一步降格为信息化时代下的"素料"。素料是在人工智能时代下,知识泛化与贬化的新名词,也是它的新存在方式与当代地位的显现。"素"是指知识沦为素材,一切的知识与之前的经验在机器学习与喂养的眼中只是素材,都可以被机器迅速接收与"吃掉",并且这个速度及量级是人类不可想象的。人工智能的技术目标,就是不断加速这个过程。"料"是指它仅仅是料,是用于驱动机器,便于机器把握的"历史前情"般的存在,量大到只能成为供给机器喂养的草料。所有的知识在机器面前一律平等,再无高低贵贱之分,统统变成可以迅速打包的素材与草料。信息的衍生与知识的泛化已经到了无可复加的地步。在人工智能的机器面前，只要人类愿意突破所有传统规则与管制下的出版、知识产权之禁锢，随时可以将人类称之为知识的东西也好，称为信息的东西也好，统统收入机器囊中，并在相应的市场化情境下，有价值地返还给人类。

也就是说，人工智能的机器已经具备了这种技术能力，知识在人工智能面前，会越来越沦为一个个符号。它可以帮助人们去把握无限多的所谓知识，而无需人们去学习、去记忆、去思考，人工智能已经替代了大多数人的思考与学习能力。传统科学范式中，一切推理与演化的过程，在人工智能面前，不过是程式化的操作而已。

人工智能的存在意义与方式，是帮助人们去把握无限多的知识，还是重新制造更多的知识爆炸的焦虑，并且带来更多的知识隐患？这是信息化时代下人们必须思考与厘清界限的问题。以往的知识是贮藏在一个又一个的系统、机构、角落之中，它被各种管理规则与版权严格把守，使其成为可以被各个领域、学科、行业所据之为珍宝的存在，而一旦人工智能对知识的消解成为现实，那么大量的行业与机构将不复存在，知识将像洪水一样被开闸放流，涌入人类社会，知识将不再需要诸如出版社、图书馆之类机构的把守，而直接变为人工智能机器的吸入对象，成为机器喂养的素料。这将对现有的市场格局、行业分配产生地震般的动荡。在人工智能的规划版图下，这种对知识的消解，对行业的消融，正逐步成为侵入的力量。

知识是否还能成为人类精神的守护者，是否还能恢复其精神层面，这似乎已经不是知识本身所能控制和把握的了。知识带来了技术的腾飞，并且站在知识积累这个巨大的思想基石上，技术才有了不断飞跃发展的可能。但技术在演进的道路中，在发展自身的同时，也在不断削弱知识来源的价值，消解知识的形式和存在方式。或许人们可以说，技术是以另类的形式把知识贮存起来了。但是，它只是以某种芯片和磁盘的形式告诉了人们过去、现在在哪个地方存有了哪些素材，只是帮助人们形成了某些东西存于某处的形式记忆，但是回归亲自阅读以及回归知识对人的精神滋养,似乎成了困难的事情。

技术的实现往往较为便捷,能够契合时代技术条件,进而改变人的生存状态,这一过程只是迅速地成为了历史现实。然而,与此相对的是,人的精神状态、文化样态、知识社会化的业态变化以及带来的损伤,其恢复与重建却是一个极为困难的过程。在信息与社会之间,在人工智能与人的潜能之间,在技术与知识之间,在知识与精神文化之间,肯定还有弥合其价值关联的社会缝合机制,还需要我们精神价值的介入。

三 图书馆的价值内涵

美国图书馆学专家 M. H. 哈里斯认为,图书馆的形成与发展需要三个重要的先决条件:一是社会条件,包括城市中心的存在、文化教育的发达以及人们闲暇时间的增多;二是经济条件,包括经济的繁荣、社会财富的富余;三是政治条件,包括政局的安定、社会对信息进行收集组织的需要以及统治者对图书馆建设的重视程度等。

图书馆的形成需要历史的条件与社会发展时机的促成。一直以来,图书馆是人类知识活动的中心之一,拥有适合开展各种知识活动的环境。书籍作为知识信息的载体,记录与存储着各种门类的知识,成为知识密集之地,可以无差别面向所有的社会人群,为他们提供知识供给,解决人们的知识需求,因此,图书馆是社会公共服务的核心价值之一。那么,随着时代环境的变化,以及知识形态的转变,图书馆的存在意义是什么呢?

在信息化时代,信息化生存是自动化技术对人生存方式的颠覆,是信息化空间下人的身份权利不断让渡给信息化系统的过程。人的主体存在与现实世界身份的界定之间存在一个巨大的鸿沟。在信息化时代,人的身份、人的主体权利的确认,都是各种信息的载明与确认过程。从技术角度来看,人也成为数字洪流中一个个代码,并且是可利用性极高的符号化存在。作为主体与客体的双重存在,人是集体性的社会存在,那么社会组织性对人的存在就有着至关重要的作用。

作为现代性的文化主体场域,图书馆担当着社会组织的功能和意义。图书馆空间形态以及文化内涵的形成、打造、变迁,对人的文化生存处境都起着至关重要的作用。图书馆带有文化组织性与传承性的公共服务意味,它既要维护个体的精神感知力,同时又要发挥社会公共文化调节的作用。因此,作为信息化社会下文化公共性的共同体存在,图书馆有着自身的精神界域与价值边界。

近年来,对空间的认识与重视程度在图书馆建设中不断深化。空间不再简单作为一种容量与体量的考察,而是一种知识组织与规划,是对阅读功能的释放与再认识。单纯的体量空间很难释放出更多的学习研究功能。如果把空间仅作为实体的物理存放空间,只会弱化图书馆的知识品性。在新的知识空间形态下,空间的布局规划是与一定的知识定向与激发结合起来的。

图书馆的空间是一种有形和有边界的存在,是人们可以体验到的一种对空间边界的感知。这相较于网络空间的无边性、抽象性、易逝性,其实更容易给人带来知识的稳定感和精神的安宁感。图书馆的空间是有形之限度的存在,能在无形之中给予人的心灵一种由知识带来的安全感,使人感觉不是被网络海洋抛弃的一叶孤舟,而是被精神港湾所关怀的个体。因此,空间的作用在近年来信息表达与知识诉求的过程中变得越来越明显。知识是一种抽象,而空间则是这种抽象的具象化展现过程。好的空间设计可以集中表达一种知识意味与诉求,成为知识定向的另一种表达,成为一种新的符号表达系统。因此,知识组织与空间形态的结合在图书馆建设中是一种互洽的结构。这种空间一方面是实体空间,另一方面是信息组织与表达,即充满知识意味的软空间建设,会赋予图书以活力,使图书真正流转起来。

图书馆为什么要从空间形态入手并强调它的积极作用呢? 这是因为图书馆要满足文化感知与教育的双重功能,将馆藏资源类别、功能作形式上的区分,打破常规空间格局与传统布架方式,有利于知识的揭示与教育的针对性。"空间"在图书馆的建设应用中通常只作容量、体量的理解,往往强调空间的体量要足够大,将空间的容量与藏书量直接对等,而鲜有对空间的组织与集聚功能进行思考。然而事实上,知识组织的空间化呈现要能够按照一定的学科多域性与关联性,以及研究中带有的问题意识,将知识元素与要素组织起来,从而能揭示出相应的知识谱系。知识的组织与分类,相当于一系列选题,要通过知识的空间组织形态,将每一个学科的背景、前沿、研究问题等"众域"有组织地揭示出来。因此,馆藏资源的陈列布架既是一个知识组织过程,又是一个知识揭示过程。

因此,图书馆空间,既是传统实体空间的突破与改造,同时又是信息空间、文化空间、共享空间等功能的实现。在这其中,既有空间与资源的结合,又有知识的空间定向与揭示,更有人员智力因素的创智服务穿梭其中,从而能够将图书馆的空间意味真正丰盈起来。在这个空间里,集聚着各种经过梳理与集结的研究性资源,不仅使读者进入后能够被它的气氛与环境所感染,更能通过空间的规划与摆放格局,将较为前沿的学科动态及跨学科研究视野及时揭示出来,激发出新的研究思路与灵感,带动研究者对问题的深入研究。

当下学术研究越来越重视多视域、多学科的聚点研究,一些学术热点都是跨域的研究交叉点,如果仅在传统知识点上铺陈图书数据,很难形成研究思路的碰撞。如果馆员注重领会这些学术热点,利用图书馆这个博大且跨域的资源高地,将这些不同的知识点、信息点相互交叉并结合起来,就会形成新的研究视野。这是图书馆多域、宽域视野的优势,定能为学科研究不断提供新的增长点。

在信息化时代条件下,信息资源十分庞大,在有限的空间下,图书馆的资源沉没是资源建设与利用过程中不容忽视的一个问题。它是指资源在被发现与利用过程中,由于资源揭示的效度、读者习惯、阅读推广方式等原因,资源难以进入读者的视野,难以被读者发现与利用,从而出现大量资源长期静置、无人问津的现象。并且,一个十分值得我们注意的现象是,随着资源更新速度加快、载体媒介多样化、信息来源多元化的快速发展,图书馆的资源并不是随之更多更快地被发现与利用,而是造成两个方面的直接后果:一方面,给读者的查找与利用资源带来更大的困惑。面对海量资源,读者不是有更多更好的选择,而是变得更加无所适从。读者难以有更多的时间与精力去甄别、判断、选择自己需要的资源。另一方面,根据图书资源的二八法则分析,当资源建设得越快、来源越多时,资源被利用与发现的速度越缓,前期的资源还未被揭示与消化利用,后面源源不断的资源随即淹没了前面的资源,由此资源沉没与老化的速度则变得更快。这就是当前为什么图书馆购买的资源众多,但实际借阅率与利用率低的一个重要原因。

针对资源沉没以及图书借阅率下降这一现象,业界一度将原因归之为纸本资源受到电子资源的冲击。但近来有研究表明,电子资源的出现并不是影响借阅率下降的主要原因。资源载体与介质并不是影响资源利用的最主要原因,问题主要在于我们对资源发现与揭示这一工作维度的重要性认识、关注以及实践较少,在于我们没有意识到资源揭示对于资源建设与利用,乃至图书馆的建设与发展的作用与意义。图书馆缺的不是馆藏资源,而是缺少对资源的有效组织、发现、疏导与教育,缺少在资源与读者之间建立起具有引导、组织作用的沟通工作。

对于图书馆资源沉没的原因分析,我们不能简单地归因为读者阅读习惯的改变或资源载体形态的改变,同样也不是单纯地在读者端出现了问题,或者资源建构方面出现了问题,而是需要重新思考,在新形势下,读者与资源的关系究竟如何的问题。读者与资源之间的关联与沟通是否顺畅,图书馆的工作是否真正帮助读者与资源之间建立了关联与适配,这才是解决问题的关键。为此,我们从资源与读者之间的关联角度考察资源沉没的原因。

资源揭示工作的重视不足、效度不够,是影响资源沉没的主要原因。在资源建设中,我们往往过多地考虑资源自身的建设,如资源本身的价值、学术含量、读者与资源之间潜在的阅读关联等单向度的考虑,然而资源与读者之间到底存在多远的距离与多大的障碍我们并不关心,比如:一些资源对读者来说有没有知识结构、语言能力、学科偏见等方面的困难与障碍；读者在寻求某方面知识模块建构、寻找适合资源时有没有困难及困惑等。资源很难被读者发现并利用，是因为资源与读者之间不仅存在着物理距离、兴趣距离、学科距离，还存在认知能力、阅读的层级性、知识结构等诸多障碍与问题。正是由于这些诸多问题的存在，好的资源并不一定能被很好地发现与利用，从而造成资源沉没的现象。

　　仅靠读者自身的能力去发现、查找、领会图书馆的资源线索，这是很难实现的。例如，大学图书馆有大量的古籍文献，涉及历史、文学、医学、金融、建筑等诸多学科，却鲜有读者阅读。读者少有借阅的原因，一是他们对于古籍与现代学科之间内在而深刻的关联了解甚少，在知识传承方面有认识上的断裂；二是古籍是用文言文书写的，涉及古文、语法等阅读障碍，除了专业的文科生之外，并不是所有的读者都可以直接阅读的，尤其对于有研究需要的理工科学生而言更是望而却步，更不用说以之为科研的史料。这种现象，借用一个概念来形容，就是"功能性文盲"。它指的是，面对用文言文书写的古籍文献，读者难认其形，不知其义。现代读者虽然受过现代学科的系统教育，具有阅读、书写或计算能力，但是对古籍却因文化断裂、教育转换等结构性原因，缺乏阅读古籍文献以及利用文献的能力。这是古文阅读中一个最大的障碍，也是影响图书馆古籍文献资源沉没的重要原因。单方面地典藏古籍文献对于图书馆的工作而言是远远不够的，激活这些资源，则要通过图书馆的实际工作，培养读者阅读古文献的能力，发现并建立起资源与读者之间的关联。图书馆应当分析资源与读者之间的距离与障碍到底在哪里，有责任帮助读者建立起资源学习的能力与阶梯，发挥教育的"鹰架"功能。

　　在资源教育方面，我们也要注意到一个问题，那就是在当下学制教育模式下，学科的固化以及知识的精细化使得学生囿于自己的所学专业，受到学科限制的影响，学生普遍缺少跨学科的阅读视野。在这种学科分野下，鲜有文科生去理工科书架上阅读书籍，同样，也少有理工科学生去文科书架上阅读。知识、能力与想象力的重要因素，往往在学科专制下被磨灭了。大学图书馆的文化与精神底蕴,正是启发学生进行跨学科视野阅读与研究的重要文化阵地。大学图书馆如果不承担起跨学科的资源教育功能,资源的沉没将不可避免。

古籍文献是大学图书馆馆藏收录的重要门类。从史料价值与学术价值角度而言,其具有不可动摇的馆藏地位。但是这么重要的馆藏资源除去专业针对性极强的特定读者外,其他读者是少有借阅的,这就造成资源的沉没与浪费。古籍文献涉及的学科众多,比如医学、经济、建筑、冶金化工等。如果加以梳理与导读,就会发现这些资源与现代学科的发展联系是非常紧密的,具有很强的学科关联性与继承性。以药学领域为例,《本草纲目》作为中华经典药典,其中记载的药物价值成分正被现代生物医学所重视,现代的药学及生物配方很多都是来源于此。日本许多大学与研究所馆藏不同版本的《本草纲目》,说明其典籍中蕴含的药用价值仍在不断被现代科技所挖掘。在经济学领域,在《史记·货殖列传》中就有对市场经济的原始描述,由此说明"市场经济"一词并非外来物,而是中国古代的智慧。在制造业领域,被称为"中国17世纪工艺百科全书"的《天工开物》,体现了中国古代物理知识,如在提水工具、船舵、灌钢、泥型铸釜、失蜡铸造、排除煤矿瓦斯方法等方面都有许多力学、热学等物理知识,仍为现代工艺所传承。

因此,在古籍文献资源推广中,帮助师生读者重新认识古籍与现代学科的关联是大学图书馆古籍资源教育工作的首要关键。通过阶梯性的引导与教育工作,从最初的学科意识启发,到扫除古文献阅读障碍,到最终的利用古文献进行科学研究,在其中每个环节中,大学图书馆都要承担起相应的教育与引导工作,才能将资源价值发挥到最大。

人文艺术的综合素养教育对提升读者的内在修养具有重要的作用,而这类资源的特点在于体验式观感与内化。把这些资源与情境式阅读体验、阅读经历结合在一起,将是最好的资源教育与学习方式。这样不仅能激活此类资源,还能系统地内化为读者人文素质修养。

情境式阅读体验,在于给读者创造性地营造一种阅读氛围与空间,通过相关主题活动的展开以及常规化阅读空间的设置,使读者在生动具体的情境中把握、感知艺术人文的精髓与魅力,从而启化其内心,能够激发他们主动寻求获取相关资源,系统而完整地补充相关知识。例如,香港城市大学图书馆在资源揭示与文化建设方面,举办了院士书法展。通过举办书法展,给读者以艺术的感性认知,书法线条、浓淡、布局、留白等都给读者以想象的空间。另一方面,对名家与作品的欣赏,背后还需要很多的相关知识才可以理解。例如,书法风格与历史朝代、文化风尚息息相关,这就需要了解每个时期的历史文化面貌。浙江大学图书馆有碑帖中心,将其做成数据库。这些碑帖背后的历史同样需要我们去了解。而某个单独的断面历史与片断,又不足以支撑对整个艺术与文化的理解,所以同样需要理解整个历史的来龙去脉。因此,对历史的了解就被兴趣、雅兴激活了。

从以上的分析可以看出,图书馆的馆藏工作不仅在于建构资源,更在于对资源进行有效的组织、揭示与引导,并且辅以相应的资源教育、读者教育手段,形成一个资源组织与资源揭示相互融合的立体式工作框架,这样才能从根本上解决资源沉没的问题。不同类型的资源应当辅以不同的教育手段,才能实现资源与读者之间的双向流动,建立起资源与读者之间的有效沟通,从而激活资源,赋予资源以真正的价值。

在全新的信息化时代背景下,图书馆资源建设工作面临着前所未有的变革与挑战。这主要表现在,随着技术不断更新,资源的回溯加工、智慧物联、数字化处理、智能分析等工作十分繁琐而艰巨。但与此同时,海量资源如果不能变成积极有效的知识来满足当代读者的现实需求,那么资源的价值只会不断被边缘化、闲置化,从而造成资源与时代需求相脱节的现象。

面对这一现象,我们既不能轻视图书馆资源的价值,也不能盲目乐观地认为资源不会被新形态改变或取代。在新时期知识环境下,我们需要冷静、客观地分析资源建设发展的整体趋向,在资源建设迈向知识生态发展中把握新机遇。未来的资源建设不仅是形式上的变革,更是价值内涵、知识服务、战略规划、助力社会发展等的全面变革。当下,人工智能、大数据等技术以及知识付费模式,已在影响或改变资源建设的方式和形态,进而改变知识服务的呈现状态。

在人工智能与图书馆的关系与价值边界上,人工智能的出现似乎有加剧图书馆资源价值边缘化的迹象与可能性。在这种时代背景下,图书馆的资源建设其实长期面临一个困扰,那就是对资源的整合与揭示变得越来越困难,对资源的揭示与利用效率越来越低下。大学图书馆每年采购大量纸本、电子、数据库等,但是资源采购量越大,资源的利用率越低。这是为什么呢?因为资源太多了,已经远远超出了我们个体的能力把控范围。大量的资源在被挑选买进后,旋即湮没在茫茫的书库中,再被发现的可能性极低。早在 1847 年,就有观点表述:"以大英博物馆图书馆为例,诚然它非常宝贵、有用,也十分便利,但一本书只是因为它在里面,人们就知道里面有这本书的概率有多大?如果有人需要这本书,他自然可以要求借阅,但前提是他必须事先知道里面有这本书。谁也不可能翻遍整个图书馆""信息仅仅存在是不够的,它还必须为人所知"[①],如果资源不能为人所发现和利用,那么它的存在对于读者而言,又有多大的意义呢?对于读者而言,除非他们知道具体的书名,有明确的需求才会来寻找某本书,而其他相关且有价值的资源存在,对他们来说却是未知与陌生的。海量资源被读者发现且利用的概率是很低的,因为资源越多,就意味着未知的边际越大。

在新数字时代背景下,读者需要怎样的资源揭示呢?题名等传统的著录信息,在知识需求蓬勃发展的当下,已无法满足读者对知识寻查的需求。换言之,读者进入图书馆,在进行资源检索的时候,他们的目的是获得满足他们在某领域、某方面知识需要的资源,至于这些资源的具体题名是什么、分布在哪些领域、应该去哪里(书架或是平台)查找和获得,他们是难以描摹的。因此,这个资源揭示很大程度上表现为:为读者的知识需

---

① [美]詹姆斯·格雷克. 信息简史[M]. 高博译. 北京:人民邮电出版社,2013:407.

求进行画像,并且这种画像能与图书馆的资源地图,包括未来由资源地图发展起来的知识图谱对应起来。这样,当读者提出某种知识需求,图书馆资源揭示的智能系统就能根据馆藏资源体系提供给读者一个相对完整的知识解决方案。这就是未来大学图书馆资源揭示工作实现人工智能的一个基本趋向和目标。

因此,资源建设工作在信息丰富的时代,不是买多买少,买什么类型资源的问题,而是能够满足读者知识需求,实现对资源的利用问题。如果资源无法呈现知识特征,且资源建设工作不以资源揭示利用为导向,那么资源建设工作的真正意义就得不到体现。同样,在知识需求的环境下,对资源建设工作当中的资源组织、资源分析工作提出了更高的工作目标和技术要求,这都是未来工作转型升级的重点方向。

人工智能对资源价值内涵挖掘的趋向在当前技术条件下已初露端倪,它将改变现有的资源管理格局与管理理念。例如,随着先进的机器人堆叠书库管理系统技术、射频识别(RFID)技术的应用,传统开架书库模式与密集书库模式被一个新的高密度储存模式——图书馆自动存取系统(Automated Storage and Retrieval System,ASRS)取代。自动存储和检索系统采用大型密闭仓库的框架阵列模式,把图书资料存放在框架阵列中各种规格的不锈钢金属箱中,通过可编程机器人迅速完成资料箱的提取或回放,强大的射频识别技术支持不依赖于物品固定位置的检索。[①]在空间节约、海量存储、高效提取等方面,这种自动化、智能化、集约化的纸质资源管理方式将资源从物理空间的开架存取转为闭合管理。这种变革带来的变化是:一是传统分类号不再需要;二是开放书架不再作为读者自由选取内容的方式,对资源的内容识别与价值判断交由机器完成,实行系统推算和定向抽取借阅。这就对人工智能在资源的分析与融合、知识呈现方式等方面提出了更高的要求。

未来人工智能对资源的分析与知识抓取是趋向对有效内容的描述与

---

① 赵美芳. 国外图书馆人工智能 AI 应用现状及启示[J]. 兰台世界,2018(11):131－135

提取,是基于概念相关、语义相关、意义相关、场景相关的数据聚合和知识聚合。在聚合的基础上,实现资源的跨学科、跨知识类别的跨界关联,构建各路关联的知识谱系,最终实现以问题解决为导向的资源融合。当人们提出要解决某一方面问题的知识需求时,人工智能可以在资源中给出一个完整的知识解决方案,包括资源规划、探知路径、知识解答,而不再仅仅是简单的资源题名等信息查询。在对资源的处理应用中,人工智能可以探测资源的价值边界,发现不同资源之间的关联,并将这种关联的逻辑架构、知识关联的价值揭示出来,也就是人工智能在对资源原始内容处理的过程中,描绘出一个清晰的现代学科间、知识间的知识谱系。

反思当下信息环境,归根到底,资源与知识有着本质的区别。在信息匮乏的时代,人们对知识的渴求自然少不了对图书馆众多资源的需求与依赖。而在信息丰富的时代,海量的资源让人们应接不暇,无论是各种媒体的信息资源还是图书馆的海量资源,对人们来说都是难以应对的。人们已无法从海量资源中挑选出自己需要的资源,在现时代成了不可能实现的情况。所以,人们缺的不是资源,而是能够帮他们有效解决知识缺口、更接近各种应用场景的且易于上手的知识成品或半成品。他们需要的是知识,是由资源凝聚的知识,而不是单纯的资源。这也反映出当下图书馆提供的服务与人们真实的需求之间巨大的差距。每本具有知识品性的书籍汇聚到图书馆里,就变成了知识分立的资源淹没在资源的海洋中,众多的资源反而成了知识碎片。当人们遇到某种知识需求的情境时,需要的又是一个相对完整的知识整体。资源越多,知识还原的难度就越大。知识碎片不经整理,只能是沉没的资源,而不会成为有效的知识。图书馆如果只提供资源服务,那么自然会在知识需求的时代被边缘化。

从资源到知识的差距在哪里呢?与知识相比,(1)资源是静止的。面对浩如烟海的资源,人们要从中发现知识,时间和精力成本太高,并且也是不可能实现的。(2)资源是孤立的。没有被组织与加工的资源就是一盘散沙,无法形成解决问题的靶向。(3)资源是陌生的。没有对知识的讲解,资源是难以接近的。为什么现在有越来越多的付费课程在专门讲解

《红楼梦》《诗经》等中华经典？再好的资源，如果没有讲解，没有理解，人们是难以接近的。再好的东西，即使放在人们面前也不知道如何去用。在知识需求与资源之间，需要一个服务去支撑，需要通过对资源的讲解去激活资源的使用，这也是图书馆目前的服务所欠缺的。在资源向知识转化的过程中，知识付费在一定程度上能够起到知识引擎和催化作用。它能捕捉一些知识使用场景与情境，针对人们在这种情境下的知识需求，抓住知识主题进行相关资源的组织与讲解，使人们能够在无须借助其他外力的情况下快速地掌握某种知识，满足某种知识需要。知识付费不创建新的知识，但能讲解沉没在众多资源中的知识，能够激活资源，进而促进知识的集聚。大学图书馆的主旨不是打造付费产品，但是一定要借助市场思维，发现人们的真实需求，在资源向知识转换过程中搭建沟通和连接的桥梁。

知识付费近年来发展迅猛。据有关统计，2018 年知识付费的用户达到 2.92 亿，市场估值在 70 亿～150 亿元之间。[①] 这也表明，随着信息化时代的迅猛发展，资源已经走向知识生产、价值增值的知识营销时代。为什么人们会对知识付费感兴趣，并且愿意花钱购买这种服务，而图书馆有着众多的免费资源，却对人们的吸引力不大呢？这应当引起图书馆的足够重视和深刻反思。

知识付费打开了资源向知识转换和凝聚的一个窗口，它能够通过音视频等形式，把相关资源集约到一个知识情境当中，从知识情境、知识需求的角度出发，把散落、难懂、不易发觉的资源转化为可理解、可通读的知识。作为一种受到欢迎的知识讲解服务产品，知识付费产品现在也纳入图书馆的资源采购中。种种迹象表明，在信息化趋势下，未来资源建设工作也不再是扁平化的工作模式，而是趋向有更多信息交互、知识集聚、媒介融合功能的平台化知识管理模式。在平台化知识管理模式中，能够实现人和人、人和物、物和物之间的贯通与连结。

---

① 2.92 亿用户规模，哪种知识付费产品将走到最后？［EB/OL］.［2019－06－20］. https://www.iyiou.com/p/75690.html.

　　图书馆资源建设与发展的特点,还在于与教育功能的结合与实践。资源的发展同样要精准服务于教育发展的需要。党中央在十八大、十九大会议中都提出全面推动、实现高等教育内涵式发展的战略要求。在《加快推进教育现代化实施方案(2018—2022)》中,针对高等教育内涵式发展,教育部实施了更为精准的"双万计划"。坚持以学生为中心,促进学生全面发展,有效激发学生学习兴趣和潜能,这是对高等教育专业培养进行评估的准则要求。随着高等教育的不断深化和发展,高等教育的评估不仅注重教师科研水平,也将更注重对学生培养过程与成果的评估。落实在大学图书馆资源建设方面,就呈现出资源建设工作对学生知识管理的支撑与发展。在对标大学"双一流"建设过程中,各大学图书馆纷纷建立机构知识库,力图清晰地收录与呈现学科发展、教师的科研成果,但是对教育培养过程中学生产出的智力作品、过程作品、知识成果却缺少相应的管理平台。

　　记录、保存、管理学生在学习过程中的研究成果,以及学生参与项目研究过程中积累的知识素材,将为记录学生培养过程、累积学生成果、带动学生成果转化、形成知识累积效应等打下扎实稳定的基础。它能够在关注教师科研成果记录的同时,注重对学生学习研究成果的培育,从而形成师生教与学过程相长,教与研过程相印证,成果共同繁荣发展的良好局面。

　　由资源中心走向未来的知识创新中心,是图书馆发展的转向和根本使命所在。在这个过程中,资源如何转化为知识? 资源建设如何围绕知识的聚集与应用而展开相应的工作? 这都是资源建设工作转型发展过程中面临的机遇与挑战。当下,资源众多,各种载体形态的信息分散在各个系统与体系中。面对众多的资源,读者不是没有选择,而是无从选择。[①]对信息流中蕴含的知识点捕捉,也不是数字系统能全面实现的。例如,对相近、相似文献资源的发现,数字系统可以帮助发现,但是对于跨学科以

---

　　① [美]戴维·温伯格. 万物皆无序:新数字秩序的革命[M]. 李燕鸣译. 太原:山西人民出版社,2017:2.

及看似不相关的资源却把握不准,多有疏漏,这就需要馆员的干预与发现。尤其是跨学科资源、古籍资源,这种资源价值的发现、组织就需要馆员的才智与能力。① 跨学科资源发现需要馆员具有较广的知识视野,能够敏锐捕捉到不同学科间的知识关联与研究热点。这样,通过馆员对跨学科资源的组织与发现,可以促进不同专业间的相互理解与沟通,帮助读者消除学科隔阂与偏见,从而带动不同学科间学术资源的交叉学习与研究。

从资源中心走向知识创新中心,需要把价值资源与读者需求对接起来,能够较大程度提升资源的利用率与价值发挥,使资源产生知识的效能。知识效能的发挥是知识服务面向读者需求的一个关键点。它体现的是知识与读者需求的对接,而不是简单地向读者推送书目。大学图书馆在知识挖掘与读者需求之间架起沟通与理解的桥梁。在这种工作模式下,馆员会真正发现读者在接受知识过程中遇到的障碍,例如阅读古籍文言文的障碍、跨学科知识能力不足的障碍、对文化认识不足的障碍等。如果不帮助读者解决这些障碍,资源的推广就是流于表面形式的工作。因此,在助力知识创新工作中,馆员还应结合资源当中知识点的特性,通过自身,或教师、学者的邀约,向读者开展知识讲解,以知识讲解形成资源的发现与利用,从而形成真正的知识效能。

知识创新中心的功能还体现在图书馆对于数据的处理能力方面。图书馆的价值不仅体现在对资源的占有,还在于对资源的利用,能够将已有/自有资源转化为具有核心竞争力的数字产品。例如,"美国国家医学图书馆将自己的 Medline 数据库语义化,支持对医学生命科学论文所包含的众多类型的概念及其相互复杂关系进行分析,从而支持知识挖掘和知识发现;大英图书馆努力将整个英国国家书目以关联数据方式组织和发布,而且大英图书馆的元数据战略路线图努力支持整个

---

① 戎军涛. 基于关联数据的知识组织深度序化机制研究[J]. 图书情报工作,2015,59(13):134-141.

馆藏可计算和智能化(Making Collection Smart)"①。大学图书馆的资源储备日益丰富,但单纯的资源占有并不意味着价值拥有。在数字化出版传播的时代背景下,对资源进行数字化分析与处理,形成具有特色竞争力以及资源增值效应的数字化产品,也是大学图书馆应当考虑的事情。目前,我们对数字化资源的需求与利用,主要依托数据商来提供,这是市场化运作的必然。但对于自有资源的数字化转化、成果可计算化及智能化,只有身处每个大学图书馆的馆员最了解其中的资源架构特点与逻辑分析过程。

在服务科研、助力学科发展方面,大学图书馆的功能及定位已经发生了转变,已从传统的资源贮藏流通中心转向知识汇聚与创新中心。大学图书馆只有通过不断加深与学科的对话能力、知识组织的能力、追踪前沿知识的能力的培养才能融入知识协同圈的知识氛围,从而为大学知识创新服务。

无论信息环境如何变化,资源建设始终是图书馆建设与发展不可动摇的基础与根本。资源建设是图书馆一切服务活动展开的前提与基础,其内涵、价值等因素的变化与发展,更是图书馆知识服务升级转型、迈向新时代智能图书馆的改革先锋。因此,没有脱离资源建设而空谈发展的图书馆转型。事实上,图书馆功能的转变、发展理念的更新都是基于资源的变革与支撑,资源建设决定着图书馆改革发展的理念、方向与进程。

未来的大学图书馆是知识的流动与传播中心,在资源向知识的转变过程中,资源建设工作依据大数据、人工智能等信息化平台与手段等,加大改革创新力度,为大学图书馆的创新发展打下坚实的基础。在这场变革中,新信息环境提出最大的挑战就是突出对知识的需求,而不是传统中对资源的需求。资源如何凝聚成为各种应用环境下的知识,这是向大学图书馆新思维、新理念、新技术、新作为提出的全新命题。

---

① 张晓林.颠覆性变革与后图书馆时代:推动知识服务的供给侧结构性改革[J].中国图书馆学报,2018(1).

　　与此同时,无论是人工智能,还是知识付费,抑或是教育转型发展,未来大学图书馆的资源建设工作都不是无足轻重的,也不可以轻易被机器、人工智能替代,并非完全是技术的变革和主宰,馆员的能力与智慧在知识规划、知识管理方面将更突显人的价值因素。为资源的知识化赋能、为知识创新增活力,这是未来图书馆面临的全新挑战。

第五章　信息伦理

信息化方式贯穿社会各维度发展,使得社会越来越像有机体一样富有感知与洞察力。信息的技术化表征和意味越来越明显,但这并不意味着技术赛道就是信息发展的应有之意,单向度的为技术而技术的赛道只会使信息发展变得盲目无序,并且只会使它的发展前景越来越窄化。

信息的快速发展不断突破人们的认知边界,无论是社会存在层面还是社会影响层面。被称为数量化实证主义典范的信息理性,在各种系统化的模型设计中,不仅在理论分析中回避了伦理分析,而且还忽视了人类复杂多样的伦理价值与现实诉求,伦理学意义的重要性极易被信息化的架构与认知方式忽略掉。而这些伦理价值恰恰是能够影响人类实际行为和社会发展方向的推动性力量。这些复杂的伦理考虑本身就是基本的事实存在,而不是理性就能规避的问题。

对于信息的价值尺度的界定,是对技术发展方向的指引与校正,是信息能真正发挥社会价值的赋能力量。如果不注重信息发展的界限和伦理尺度,势必给人的社会生活和社会发展带来越来越多的负面影响。没有道德约束与法律规范的信息世界,注定是个失序的世界,没有道德前瞻的技术设计,注定是一把失范的利刃。

在这个信息化生存的世界中,我们需要对信息发展的限度与效度及其边界进行不断的价值审视。在建立个体与信息社会的关联时,个体的信息素养教育就是一个持续深度养成的过程。这种素养不是知识,而是对信息化知识架构的探寻、反思、批判以及更高层面的对信息的驾驭能力。这是作为信息化社会一分子必须具有的能力与认知。

一　信息的秩序与限度

如果说没有一个人能够理解"熵"对于信息社会的发展到底意味着什么，这种说法有点夸张，但"熵"确实是一个难以被人完全理解的词。

热力学的主要奠基人之一德国人鲁道夫·克劳修斯在 1850 年提出"熵"这个词。他的研究关注热量或能量转换为功的过程。他发现在这个过程中，热量实际并未损失，只是从较热的物体传递到了较冷的物体，并在传递过程中做了些功。克劳修斯意识到热力学需要的是一个全新的量度，这种量与能量有关，但又不是能量本身，他想要度量的正是这种能量不可用（无法用于做功）的程度。在经过几年的思考后，他想出了"熵"这个词。熵源自希腊语的"转换"一词，它不是能量的一种，也不是能量的数量，而是能量的不可用程度。这个概念听上去很抽象，但是在科学家眼里，他们希望它能像温度、体积或压力一样，能够成为一个可以度量的量。熵的本质特性，就在于混乱（无序）本身。

从事物发展的动能来看，未来本质上具有不确定性，平衡的状态只是例外情况，物质现象并非处在平衡状态。正是在平衡与不平衡之间，世界的发展才有了前行的动能。熵的混乱无序导致了两歧状态，但两歧状态又克服熵的混乱无序状态建立起新的有序状态。由此，科学家的观点是：一切具有不确定性，而不是具有确定性。科学的演化机制，是对处于变动发展中事物复杂性的阐释。

信息科学也将"熵"引入了对信息的理解。在维纳看来，熵的本质在于信息的无序程度，而在香农看来，熵是用来说明信息的不确定性。无论从哪个角度来看，都表明了信息未来发展的动态性趋势。在不确定性之中建立起新的秩序，而在新秩序的建立过程中又会带来新的无序性。在无序与有序的混沌与整理中，变化出社会秩序与规则。事物在生产自身的同时，也在制造其相反的一面。在产生能量的同时，更在制造出更多消耗其自身的反面力量。信息在生成自身的同时，也在使自身陷入更大的混乱与失序之中,并且信息生成得越多,陷入无序与混乱的程度就越深。

在信息社会里,我们能知道什么,能做什么,成了需要首先定义的一部分。信息的有序与无序,不可避免地涉及行为者或观察者,涉及人的心智对外界信息的接收。混乱,如同与之相关的秩序一样,并不是物质本身的属性,而是与观察它们的人的心智息息相关。一本写得很整洁的备忘录,在一个完全不识字的人看来并不混乱,而在那位知道上面记着什么的主人看来也不混乱,但在其他识字却读不懂内容的人看来,它则显得无比混乱。因此,我们可以说,秩序是主观的,是与人的心智高度关联的。秩序是符合人的认知格式与认知习惯所设定的顺序规则。

顺序是由人的心智能力对外界事物给出的一种心理排列位次。之所以有这种顺序的产生,是因为人的心智接收程度的优先等级。这一方面取决于人的心智接收程度,从而判断哪些可以被接收,哪些不可以被接收,以及在多大程度上可以接收,在多大程度上会排斥。因此,心智接收程度就有一个上限的阈值,超过这个值,那就是无法被心智接收的事物。另一方面取决于人的认知能力与水平,即能在什么水平下接收事物,是在高阶认知框架下,还是在低阶认知模式中接收事物,以及接收事物时自身所具有的价值观是否能够接纳这些事物。这些都构成了人的心智能力与水平的不同层面。那么放大到人群之中,就有一个对事物的认知与接收能力的平均水准。因此,信息的有序与无序在于人的心智选择与判断,更在于信息对人的心智带来的冲击程度,是否冲破了人们心智对其接收的阈值,是否挑战了人的价值判断,是否符合人的认知水平等等。

信息打造的是空间聚合,每个被信息所建构的特定空间都充满信息的涌动与流动。但是,被信息所定义的空间是否就是一种有序的表达呢?事实上,空间没有因为信息的庞大而变得清晰明朗,信息也没有因为空间的不断产生而变得更加准确有效。在信息技术达到了能够对世界进行平行描述与扫描的水平后,建立起巨量的基于平行相关性的链接。这种链接越多,无效和冗余的情况就越多。简言之,被信息制造出来的空间越多,信息越混乱,信息走向了其自身的反面。系统越庞大,越需要更大的格局加以审视与反观。近年来,大数据发展日趋成熟,其实质是建构更广、更深层次的空间关系网,建立起来的空间形态构筑了一个又一个的平台与应用程序。基于内容的生产形成了一个个空间集聚。在这种集聚下,似乎归集了不同的功能和分类下的信息,但是,"类"的存在就能减少信息带来的困扰吗?

在信息建构的空间模式下,"类"不再作为划分事物的主要依据,而是以关系的建构为宗旨,吸引相关信息的主动归附。也就是说,信息在生产出来后会自动按照主题、内容的相关性,被聚集在一起。如何在万千的同主题信息中突显个体信息的存在感,就需要运用各种奇异的博眼球的方式与手段。事物在信息社会的存在方式,转变为以流量的形式体现。

序列性是信息呈现的规律与标准、方式与方法,是一种能摒除碎片化与无序化,匹配人的认知结构,减少无序化对人的选择与判断干扰的进程。序列性的核心是要解决信息之间的关联性与层级性问题,即信息之间聚集、呈现的依据。没有关联性的信息就是一盘散沙,没有层级性的信息就是一片混乱。"类"是否继续充当信息划分的依据与标准,无限制的链接是否使信息看起来更清楚,信息的层次性如何构建,这些都是信息的序列性需要考虑的问题。信息序列性的体现就是通过有序将无序整合起来,通过层级将结构搭建起来。

由此,信息产出与人的认知接受程度失衡。信息的最根本目的就是为人所用,无法被人们所用的信息或曰混乱无序的信息对人来说就是无用的信息,简言之,无序即无用。这里的无序是指信息的揭示与呈现超出了人的认知结构与接收能力。信息的洪流以奔腾不息之势从四面八方一波波袭来,不断轰炸人们的头脑,挑战人们的身心,然而人类的心智接收能力是有限的。在信息洪流中,人们仿佛成了被动的信息接收端,其有限的接收能力终抵不过巨量的信息产出能力。人们不知道该从哪里取出信息,更不知该将信息安放在何处。大量的信息产生后旋即被淹没,有用与无用的各类信息混杂其中。人们经常被无用的信息牵制,当真正想利用信息手段查找某个需要点时,却发现难以下手。这时就会发现,定义目标本身就是件很困难的事。信息与人的需求之间仍然隔着无知与未知的屏障。信息越多，人面对的"无知"和"盲知"越多。

"信息"与"空间"成为信息化时代发展条件下重要的战略关键词。信息的形成与发展离不开空间形态，空间的建构与存在需要信息来管理与运作。因此，空间与传播、空间与秩序、虚拟空间与实体空间的战略同构，无不表明信息与空间两者关系的重要性。信息秩序与伦理道德、产业布局、法律规则、人的价值实现等都是集约在信息秩序之下的重要时代议题。信息秩序规约信息发展的方向、目标、秩序、层次与价值，是审视与反思信息的最好维度与视角。对于我们人类而言，信息的秩序、空间的层级都是我们认知世界图景的秩序与层次，更是我们认知程度不断深化，认知维度不断拓展的表现。所以信息与秩序之间良性互动关系的发展，就成为引领时代迈向健康发展道路的重要指向。

由此，我们可以引发出对信息秩序的进一步探讨。信息发展至今，必须清醒地面对一个信息自觉的问题，即面对信息未来的深度发展，需要思考一个新的逻辑起点——限度即效度的问题。"'信息'一词在科学中比在日常生活中具有更为深刻的内涵：'它意味着一种组织和有序的普适原理，也是对此的精确衡量。'"①组织与有序成为信息自我发展的筹划方向。也就是说，信息发展的下一个阶段或目标，不应是如何扩张自己，而应是考虑如何缩减自己，其实质就是如何精确自己，快速定位自己，减少对人们的判断与选择的侵扰，定向于人们真实的需要。如果之前的人类历史发展是在给信息做加法，那么今天与未来的发展方向就是在为信息做减法。

在当代，信息看起来触手可及，实际上人们得到的却是信息碎片，而当人们想系统学习某方面的知识时，信息的多样性与繁杂性同样令人无从下手。因为未经知识路径整理过的信息，对人们来说仍是陌生无用的信息荒漠。没有通向知识目标的路径与入口，人们实际上是放弃了对信

---

① ［美］詹姆斯·格雷克．信息简史［M］．高博译．北京：人民邮电出版社，2013：6．

息的利用。系统化与碎片化成为当代信息社会下,人们期望与现实间的背离与分裂,越是信息化的做法,得到的越是碎片化的片断。以至于信息越建越多,人们却越来越茫然不知所措,转而放弃对传统权威知识的利用,寻求网络空间的只言片语。年轻一代对网络信息的膜拜与信赖程度远远大于传统知识来源,对信息的便捷性需求大于对可靠性的需求。因此,信息的发展不应当把信息聚集在一起摊成大饼,让人无从下手。

"混乱无序化的信息,是无疆界的信息"[①],信息的效度在于它的限度,信息的限度也就是信息的界限或曰边界。这个边界在于从社会的伦理、社会价值、人的主体价值出发,为信息的发展划定相应的限度,从而判定出哪些信息是适合社会、人的发展需求的,哪些是对社会、人形成侵扰与阻碍的。知道自己能做什么,不能做什么,信息的有所为与有所不为,就在于社会基于人的价值维度给出的界定。

因此,信息的限度应当呈现出价值的维度。人的价值信仰是精神领域的支柱性力量。价值信仰的来源与形成主要依赖个体和社会两者的有机结合,个体在自身的教育、经验、环境等综合因素下能够逐渐形成一定的价值观念,从而影响着自己的追求目标和生活轨迹。与此同时,不同的国家与社会,在社会发展的不同阶段,会向个体提供相应的价值体系,从而构筑着个体与社会、群体,以及群体之间的关系和社会行为。信息社会的渐次发展与蓬勃力量,使生产技术与生产关系发生变化,进而带来价值领域的改变,其最直接的表现就是用多元化、复杂化、碎片化的信息感知替代了传统中具有整体性与系统性的价值体系。社会价值体系遭遇信息化社会的解构与模塑,个体逐渐失去了原有的精神信仰依托,失去了运用传统道德观念立场来进行价值判断的支撑,因此很难用传统的价值观对当代生存方式进行注解。

信息并非价值无涉,恰恰相反,信息的发展必须在一种价值观念的指引下进行,这一价值观念是信息走向健康、有序发展的自觉导向,也是其

---

① [美]戴维·温伯格. 万物皆无序:新数字秩序的革命[M]. 李燕鸣译. 太原:山西人民出版社,2017:306.

根本保障。信息的价值性体现为信息的道德价值、伦理价值、社会价值以及人的价值的实现。在《2016 年世界发展报告》中，就已经鲜明地将"集中、不平等和控制"作为关键词提示信息产业发展的风险[①]，这些风险并非技术本身所决定，而是来自社会对价值性的判断与取舍。信息以服务人类和贡献社会为价值圭臬。信息的价值决定着信息服务的方向，决定着信息为谁服务及服务的内容、品质与层次，而不仅仅着眼于信息产生的经济效益和市场价值。信息化方式放大了社会个体的生存感知，放大了每个微观化的事物在空间中的存在。当每个微观个体（事物）都希望将自身存在变现为市场价值和经济价值时，那么势必会冲击社会价值和道德伦理。信息的经济效益必须植根于信息的社会价值，才会有真正的生命力与市场。缺乏价值性支撑的各种信息只会变成无端控制且消耗人们大量时间与生命的消磨品，人的生存意义甚至在这种信息漩涡中消耗殆尽，人的价值感与主体性丧失，反而沦为信息钳制的对象。因此，未来信息真正的发展必须以社会价值与人的价值的最大限度发挥为圭臬，将技术装进价值的规范里。

重构价值信仰需要在网络社会中给个体提供意识形态的价值标准。重塑价值认同，就需要从中国优秀传统文化之中汲取力量。注重虚拟情境中人对环境的感受，通过信息技术来进行价值引导。在这个过程中，应当充分尊重网络社会多元主体的利益诉求，引导个体对于价值信仰进行理性判断。网络社会中的个体、社会与国家，不同主体的行为逻辑都会发生转向，彼此之间需要有较长时间的教育引导和精神文化的培塑，要找到各自的价值取向，进而在社会价值体系中稳定有序地开展协调转化活动。

信息化生存形成了对现代性的挑战与重构。对于人来说，身体行动在信息化时代变得更加缺乏，人们过度依赖与身体连接的处理信息的设备，例如手机和电脑等。基于这种混合身体，甚至是被机器所主导的身体，我们的意识必然受到影响。信息化、数字化对现代性进行了重新定

---

① World Bank. World Development Report 2016: Digital Dividends [EB/OL]. https://openknowledge. worldbank. org/handle/10986/23347.

义,这也是当代线上生活的基本缩影。信息化和智能化对人进行了重构,使得自身的主体性与生存维度都遭遇了信息化方式的定制。现代人的身份更多是一种通信的符号,其不断让渡的自身权利与身体,得以在信息化的网络空间中表明为一种虚拟存在。面对烦琐的技术处理,人需要自动化技术为自身免去重复性劳动。与此同时,人类就会面临在本质意义上被取代的危机,即被智能机器剥夺劳动权。信息化的方式不断侵占人的主体地位与价值边界。计算机网络将人从现实世界中抽离出来,将其还原为信息技术可以轻易控制的数据流。人机械化复制自身的问题在信息社会尤其严重。信息化网络主体与人的主体之间的边界越来越不分明。大数据时代的一个核心问题就是生产数据的能力远超储存数据的能力。与数字化技术过于强大的记忆能力相比,现代社会的人容易形成对网络的依赖,一旦离开云存储的资料,大脑的记忆能力就几乎派不上用场。计算机存储能力比过去增长了几千万倍,仍然不能满足人制造数据的需求。所以,删除信息比生产信息更为重要。处于信息时代人的生存本质变得模糊不清,这种大数据时代出现的问题与人工智能的技术发展是分不开的。

信息在不断繁荣全球化表象的同时,也在形成对人的压制性力量。人们在塑造信息化手段的同时,也不断被各种信息技术的衍化所带来的层级压制力量反制人类自身,形成无边界的侵扰。信息限度与秩序问题的产生与解决,不是靠外在的力量,而是靠人的价值判断来审视与解决。

人工世界与现实世界的合流,使得人与机器的身份趋同除了自我、意识层面的趋同外,还走向对环境适应性的趋同。我们正在为了方便机器而不断改变与限制人类自身的身份与权益。让智能适应外部环境,是人对智能机器的设定,还是对我们自身的设定,这种边界经常变得模糊不清。智能机器的语义规则与现实世界中的物理边界是此消彼长的关系,就像地铁前的疏导栅栏对人流的限制一样,物理的边界越明显,人的意识就越少启动对自己行为的控制。人工智能的发展同样如此,它越能如期地执行规则,则表明对它的物理边界设置的设定越少。人工智能对规则的理解与执行力会侵入人的生存边界,因此需要用人的价值观念为其设定社会界限。

自我问题关系到身份认同,有怎样的自我认识,就会有怎样的技术身份。所谓人工的能动者,就是基于这样一种自我意识,因为意识是选择特定行为模式的基础。现代销售对消费者购买倾向的经验评估,正在无限接近线上购物网站对用户个人消费习惯的数据分析。数据和机器比人早想到一步,这既是信息生存的独有体验,也是人的意识、知觉体验不再特殊的预兆。抛开意识独立性的问题,机械设备中的信息生产其实已经在进行。更令人担忧的是,人的意识也正在向着智能设备的设定模式转变。机器在人的社会生活中的强制,会使自我生命的体验与认同发生退化,使得人丧失独立性并且越来越让渡给特定的身体和设备。

因此,信息的生产不仅出于对信息自身的需求,也应当为了不断制定和修正信息的边界而进行。我们要在人类自己的生存路径中为计算机处理信息让出一定的通道,因为其负载的信息关系、扮演的信息实体都是我们社会发展的必需品。信息的发展需要人们对其进行控制与规范管理,计算机所代表的信息技术本身不仅仅是一个技术的化身,还应当是一个具有价值伦理的工具。工具本身不具备道德伦理的规范原则,但是它是朝向对人的服务,不是对人的奴役,其中就有人赋予其中的方向的把握与掌控。信息伦理是人赋予其的价值规范,即让智能机器成为受规则限制的道德遵循者。

信息社会下,虚拟关系就是技术关系,而背后实质是人通过互联网技术建构的社会关系。这种社会关系既依赖于人的变化,又依赖于技术的发展。技术来源于人的实践,并在实践活动中改造道德关系。任何一种新技术革命和社会革命都会给传统伦理道德带来冲击和挑战。互联网技术的每一次革新既是工具的改进,也是对人的道德关系的重新认知。可以看到,每一次的技术打造,每一个平台的编织,其实都隐含对社会规则的制定。社会规则的物化,正是通过信息化的方式进行传递与表达,这其实就包含了一个价值判断的预设,一个人文关怀尺度的预埋。

伦理道德也不是抽象之物，而是在每个具体特定的信息化条件下，在每个网络情境下，人们面对具体情景，确定道德行为逻辑，从而做出行为判断和举止。冷静的理性规范充满了我们的教科书，似乎现实社会也呈现出如此静态的规范原则，但是，现实世界却更为丰富多彩，现实世界是鲜活的动态的变化构成。如果一个信息化手段过于理性与冷静，抽离了人的情感表达与人文关怀的尺度，那么不是信息化的工具出现了问题，而是设计工具时就抽离了人文关怀的成分，而只从利益最大化的角度出发。出于工具价值方面考虑的行为，理性条件也常常会被暗自写入能够影响人们的实际利益的技术框架之中。在信息强化的理性看来，理性的人类行为等同于利益选择的最大化，并进而把它等同于自利最大化。但是，既没有证据表明利益最大化是对人类社会发展充满利好，也没有证据表明自利最大化必然导致最优的经济条件。并且，这种利益反映的谁的利益，代表了谁的利益，也是借助于工具化表达的一种暗含与预设。因此，信息工具价值无涉，这必然是一个巨大的谎言。

为此，我们必须运用人类自身的情感价值、社会伦理、价值判断，来为信息技术的发展限度进行划界。这种为信息理性划界的尺度，不是来源于信息自身，而是源于人类的认识以及社会责任，是保持信息健康可持续发展的审视维度。责任、荣誉和信誉，对于信息化时代实现个人和集体的经济效率都是极为重要的因素。权利与自由这类基本问题的实现，不能脱离社会价值和社会伦理这个具有持续性和稳健性的框架。

为此，我们必须在信息技术的发展过程中，不断思考并主动提出问题。毕竟信息发展的方向、实现的价值、服务的主体，这些只有在人类价值框架下才能思考的问题，不能单纯依赖技术去解决。我们不应被技术的汹涌之势与人工智能的号角遮蔽思考，沉没人的价值的主体性，而应在审视信息的前行中，不断寻找人类自我的家园。

二 信息伦理与道德观

　　新技术革命的每一次变革都会给传统伦理道德带来冲击和挑战。信息技术的革新不仅是工具的改进,更是人的认知观念与社会关系的重新书写以及对道德观念不断塑造的过程。信息空间的打造与建构释放了个体力量,将个体对自我的想象、情感和欲望都投放到了虚拟空间,使得人能够在多层级、多维度空间获得新的展现与释放。信息技术在空间维度上解放了人自身,同时也为人的道德认知提供了多重选择性与塑造的可能性。

　　处于信息空间维度上的人们不再仅仅局限于现实情境与交往中的自我展现以及与他人的关系,而更多展示在虚拟空间下不同的人设,以及对应不同的道德场景。因此,需要人们发挥道德作用的应用和呈现场景不是减少了,而是在不断增多。不同场景下,行为意识的选择需要的道德约束以及对道德观的调度频次增加了。这时就要对道德是否能够在不同场景下具有一致性和稳定性提出要求。道德是经验的积累,是意识的训练养成后在特定场景下做出的无意识和近乎本能的选择和反应。道德是基于日常行为经验的积累,以及社会价值体系的牵引而形成的一种稳定的心智判断与行为约束的准则。

　　信息技术的发展及其导致的人的生存信息化正在重构道德观本身。信息建构的生活世界是一个人与信息空间相互啮合的时代模因。信息化的空间与存在方式成了当代新的交往实践与道德实践的新主场。如今,信息化观念渗透到社会的各个领域,给人工智能时代道德伦理的建构与呈现带来了更大的难题。如何在人工智能时代条件下构筑起新时期守护人类道德伦理的精神护栏,已经成为全社会共同关注与考虑的时代议题。

　　信息社会的发展导致人类自身道德伦理认知的改变。道德是生物学范畴中的主体认知,还是技术理性与信息逻辑共同演化的行动指南,这是现代性当中人的主体性地位下降以及随之而来的技术理性上升之间不断胶着的内在冲突。道德既不是信息工具的内在属性,也不必然是人的行为举止的外部审视。信息革命在带来智能体、智能伴侣概念的同时,也带来了道德观念的自我更新。道德是信息理性在瓦解与重塑传统价值观念体系后,在人与机器协同关系中,再建一种能够对技术工具以及人随之应变的价值投射进行双重审视的精神戒尺。因此,不能再按照原来思考技术道德价值的方式来规范信息革命后的道德生活。也就是说,当代道德观的形成,不再单向度地来源于传统社会对精神外化行为的观念约束,而是在信息化生存方式下,在基于人与机器关系的重新理解中,发现人与机器之间、人与人之间、人与社会之间价值观念的行动指南。信息伦理与道德不是要用经典的伦理理论来探讨信息本身的伦理道德问题,而是在被颠覆的传统和新建的生存范式下,寻找信息时代中人们的伦理共识和规范。这也进一步表明,信息时代下的道德与伦理,不仅是对人的言行的观念约束,还是对人与机器之间行为关系的约束,更是对技术逻辑与物化系统背后体现的社会关系的约束。

道德源自人的社会实践活动,在这个过程中,人们逐步形成了具有约束意识的道德感以及道德关系。事实上,并不存在脱离人类社会实践而抽象形成的道德观念。因此,不同历史发展阶段与社会条件下的实践场景与实践关系是完全不同的。道德观念是基于这些实践条件与实践关系下生成的观念映射,有怎样的社会实践基础就会形成怎样的道德观念。我们可以看到,不同地区、国家、历史阶段,所形成的道德观念是完全不同的。

信息化生存是当代人重要的存在方式与存在场域,是一个人与机器共同深度融合生存的现代性场域。人已经无法将自身从信息化的系统与空间中脱离出来。信息化方式构筑了当代人的社会实践基础。信息空间与现实空间的交汇,使得社会关系的创建变得异常复杂与叠合。传统社会下的道德观念,已经无法应对这些错综复杂的社会交往场景,也难以适应复杂的社会生活。信息社会形成的各种虚拟关系、互联关系对建立在现实社会交往基础上的道德关系产生了冲击和瓦解作用,打破了原有的基于现实社会生成的道德价值体系。传统道德观念中对人的言行形成的观念性约束，已经不适用于信息化社会。因为传统社会中，人的交往是纯粹的基于人与人之间的交往，而在信息化社会下，人面临的"交往"对象不仅仅是人，更多的是机器、系统、智能工具，交互的对象已经发生了变化。那么这种对人的言行的观念性约束，并不适用于机器。也就是说，人无法将适用于人类的思想观念来约束智能机器。显然，我们无法评价机器是否具有道德，因为道德这个观念的适用对象是人类。

信息化方式改变并不断建构着人类的道德观念。信息技术带来的虚拟空间，可以形成一种基于虚拟空间的共同意义场。在这个场域下，人们的生存方式、社会情境、交流的方式等都具有共通性与通约性，虚拟空间使得个体脱离了个体环境和经历的局限，从而突出了网络带给人们的社会经验共享性。这种共同的社会实践方式，能够使个体对于道德的感知与观感具有交流性与传递性。网络文化的开放性、共享性、多样性和信息的海量性，使得道德规范、价值观念的可选择性、可比性大大增强，由此促进了个体道德与价值观念形成的多元化。在网络社会中，国家的道德价值观和意识形态受到多元价值文化的冲击和影响，其对社会民众道德导向作用力下降，从而进一步影响道德文化的变迁。在虚拟空间的实践活动中，现实社会的体制、结构等被重新组合，催生出不同的社会力量。在现实社会中依赖血缘、地缘等社会关系形成的社会共同体，在虚拟社会里将面临被瓦解的局面，由此导致人们内在的道德凝聚力逐渐降低。

信息"流"形态下传递的观念，往往能够成为建构当代道德观的素材。这些素材越是片面化、碎片化、巨量化，越容易强化人们的某种意识观念，因为具有整体性的传统价值观念与道德观念，在信息化方式下被分解为无数的碎片，对应着无数的应用场景，已经遭遇了当代生存方式的瓦解。信息化场景越是丰富，人的信息化生存方式越是分裂，人的观念越是难以统合与还原为整体。每个思维的碎片都可能暗含着一种价值观念，空间性和工具性的技术应用相互穿插渗透，重新建构了人的存在与发展的空间，这种空间的重构继而影响着人们对道德的认同。并且，道德之所以能够形成认同,还在于社会文化具有的统合作用。道德观念的形成与发展需要在社会文化中得以滋养和持续,其生成与对人的影响是动态和持久的。但是,在信息化方式下,信息技术的更新迭代不断刷新建构着人们的认知与存在方式,使人们产生的与之相适应的观念也在不断变化,道德观念的稳固性遭到破坏,其变化速度远超社会文化对其涵养的速度。

认同关系的解体将迫使个体对虚拟社会环境进行不同的社会学习,在虚拟空间下学习社会经验从而努力构建网络的自我认同。在虚拟空间中,网络社会的异质性、断裂性、瞬时性等信息化特征都会给个体自我认同带来较大的影响。虚拟社会关系的特性影响个体的社会认知与精神动力,改变个体的社会行为模式与内在逻辑。由于网络信息的海量及多元化,将会给个体带来自我认同的新挑战,个体会在认知、情感、行为等方面表现出不同的变化。

虚拟社会关系的不确定性给个体的认同重塑带来了全新的问题。社会个体都会在自己生活的道德空间中通过不同途径形成社会认知。在网络社会中,个体认知以互联网思维呈现,将对现实社会的理解与思考融入网络社会道德交往之中。现实社会关系中的认同结构将会随着关系的解体而发生改变,个体在社会关系中形成的社会知觉也将会在个体认知中重新建构。

道德观念的滋养源泉是社会的价值信仰体系。价值信仰是居于社会主体地位的精神支柱力量。价值信仰是一个国家或民族形成凝聚力的文化认同与价值认同,能够作为整体社会的精神感召,形成社会的向心力。不同的国家与社会都有独属于自己的价值信仰。在向社会个体提供一定的价值信仰后,就能够凝聚国家与公民之间的关系。信息化社会形成后,工具理性与技术化的生产生活方式都引发了价值领域的改变,其最直接的影响就是信息化生存解构了个体的原有道德认知。个体逐渐失去了与社会主体地位的价值信仰之间的关联,逐渐放弃了运用原有道德立场来进行价值判断的方式,从而使道德观念陷入了价值困境之中。

信息伦理非常关注人工智能技术的道德问题。这是否表明,信息伦理需要重新建构主体性，以及建立新的伦理规范。对这一问题的理解仍需要在信息化生存、技术身份和人的价值主体性语境下分析。信息化生存对现代性发起了挑战与重构，也标示出现代性社会转变的节点。随着信息化、数字化对现代性的重新定义，技术理性对人生存尺度的褫夺也在进一步加剧。谁能运作和构建信息环境，谁就能处于控制信息时代的核心地位。因此，这种人与智能机器的双向互动关系，会使从各自角度看起来还算明晰的关系边界变得混乱。理性定义看起来绝对客观的技术标准以及貌似对人绝对公正的评判尺度，使得信息理性成为一种离身（离开人的主体性）的合理性存在。这种理性不会使原本属于主体性人的伦理道德价值观自动迁移到技术本身以及技术的对象物之中。也就是说，技术理性自身是不带有伦理道德尺度的。这种精神要求是对人的行为的约束。那么，在信息化时代下，信息如何具有伦理呢？技术工具如何能具有道德呢？信息伦理需要重新建构主体并把原本属于对人的价值判断尺度转移到新的主体——信息上去吗？信息伦理的主体是信息吗？带着这一系列发问，我们需要进行进一步的澄清。

信息伦理的主体不是信息，不是作为工具性存在的那个物。伦理始终是人的价值判断与精神指引，是独属于人的心智的情感维度和价值维度。理性、工具、物不具有这些情感和价值维度，我们不能要求这些作为物存在的工具自发具有人的伦理。那么这种伦理是我们赋予信息理性的外在要求吗？信息化时代呈现出来的信息伦理，不是单纯地对人的要求，要求人必须服从某种技术观念或社会规则，也不是单纯地对于信息理性之表现物的要求，要求理性之表现物必然要具备某种人的情感和价值判断。信息伦理观照与审视的是人与机、人与人工智能在彼此尺度分寸和边界关系的形成与互动中应参照的道德价值体系和社会伦理尺度。简言之，信息伦理，是我们运用伦理的尺度，对信息化生存下人与智能之间的关系边界进行的界定与审视。由此说来，信息伦理的主体也变得清晰起来。信息伦理的主体既不是人自身，也不是信息理性，不是两者之中的任何一方去建构一个约束自身的伦理体系，这种伦理关注的是人与智能之间的价值边界,是基于人的伦理价值尺度对两者之间关系做出的界定与划分。

这就使得对信息伦理的研究具有了哲学的意味,也使之站在了哲学的精神高度来审视信息时代人与智能之间的关系,重新划分各自的价值领域,以及各自应当恪守的价值边界。在信息社会,人与智能机器在共同进行着信息化生存。在这种相互作用下,人和智能机器之间必然具有某种类似的身份。人的自我意识会过多地投放到对智能的设定与信息处理中,与此同时,智能也会过多地渗透到人的信息化本质生存当中。在建构与被建构之中,人与智能之间的边界就会变得模糊不清。信息伦理带来的哲学般的精神审视,对于社会自我与技术身体的划分起着关键的作用。

有了这样的价值边界,信息理性在现代性世界里的运行似乎有了"思想前置",即它的形成与发展必须以人的价值尺度作为内核发展的要求,以及运行的前提条件。如此一来,信息理性不再是脱离人身的理性,而是将人的情感需求、价值诉求、社会关怀置于其架构设计的过程中,成为结构化设计的价值尺度与前提,这样技术在现实世界运行中的过度发展与越界行为,就有了一个物理性的隔栏。信息的量化规模、空间格局、内容生产的量级等,将作为既是技术指标,又是价值尺度的存在。信息的生产与消除、信息的扩张与缩减不仅是技术发展的取向问题,更是关乎人类生存本质的回归。信息的生产,一方面源于对信息的需求,另一方面也是为了不断界定和调整信息的边界而开展。

由此,技术理性与社会伦理之间有了密切的关联,技术使伦理关怀变成具象化的存在,从概念走向现实,塑造价值并推动着现代性社会前行。同样,信息伦理为技术理性提供了价值规范的基本理论框架与发展前置,使现代技术理性的认识与理解不能脱离社会伦理的关怀。技术理性并非僵化的钢板一块,而是具有人文关怀性、社会意识性、社会责任感与道德感的社会存在。对信息社会技术理性的观照当然可以从哲学、美学、文化学和社会学等多个维度进行。

正是有了这样良性的人与智能和谐协同发展的关系与界定,人类自身才可以更好地发现与利用信息理性为社会带来的诸多社会价值。人对信息技术的发展,似乎也有了清醒与理智的判断与评价,既不会鼓吹信息技术的万能,也不会盲目追求信息发展的热点,而是在一种理智审慎的历史视角与时代发展的高度来看待信息的发展。信息伦理的在场,使得信息技术的发展有了真正可以内生发展的价值指向和符合社会和人的主体性发展的方向。当信息蕴含了伦理价值取向时,信息技术就会稳定有序地开展协调转化活动。

信息化生存导致人不断让渡出自己的生存本质,信息的生产与处理离人的本质越来越远,当生存本质都让渡与交付给他者时,人类就会面临本质被取代的危机,即被智能机器剥夺劳动权。信息伦理的考量,也促使人们重新思考自身的生存本质。在信息冗余的时代,智能机器是否能成为人的替代,不能成为一个技术上的发问。出于资本驱动的信息技术发展,在本质上是为资本的增殖打开更多的资本吸附空间和资本积累的通道。在资本有机构成不断提高的信息社会中,对劳动力的依赖会逐渐减少。人与智能机器之间的共生关系,不应以排除人类为发展的前提,也不应导致排除人类创造力的后果,而是始终尊重人的社会存在价值。由此看来,信息社会的发展不是单向度的由技术、资本带来的驱动发展,而是反映在社会机制与社会制度中的对人的全面发展与主体尊重的价值关怀。在中国式现代化道路的建设过程中,始终把人的全面发展作为现代化的核心价值。这不仅是社会主义制度优越性的体现,更是为信息化生存的未来发展之路贡献了中国的社会价值理念与实践智慧。

三 信息素养的培育观

信息素养是信息化时代下每个人应当具备的素养,并且信息化程度越高,越需要人们加深对这种素养的重视和培育。信息素养不是知识的灌输与工具的教化,不是知识层面的累加与堆砌,而是一种认知事物的思维方式的培养,是认知事物能力的提升。这种理解与认知能力能够让我们在信息时代中,反观各发展要素的价值与相互关系,洞察知识的架构与路径,审视人与人工智能的关系,探寻人的价值存在的突破点以及审视人与信息化方式的相互关系,从而更好地促进人与信息化生存的和谐关系。

将人工智能时代的信息素养教育纳入中小学直至大学的教育体系,这是一个极其重要的国家发展战略与教育举措,具有重大的时代与历史意义。在信息时代,学校教育的核心不仅是对知识进行传播与教化,还着眼于智能时代,人与信息之间关系的发现与探寻,在这种人与机器关系和谐共建的发展进程中,探索出知识发展的新路径以及人在其中的引领和践行路径。信息素养教育应当培养人在信息社会中对信息带来的技术发展的驾驭能力,而非用传统知识路径使人进一步服从于机器的强制或受役于机器。换言之,在信息化时代,发挥学校教育的作用,必定是将教育从传统的知识灌输和引导转向对认知与能力架构培育的轨道。在信息化引领的新的历史发展阶段,教育缺的不是知识的传授,而是对人的认知能力与思维能力的培养。有了认知能力的培养与提高,就能够不断地对知识和社会发展之间的辩证关系进行审视。这种能力能够形成一种灵活而非固化的认知框架,以不断审视与批判的眼光,积极吸收能够有效满足社会发展需求与个人能力的知识,从而提升其个体的能力。未来是充满想象力的世界,更需要人充分地释放出人的想象力与智慧力,只有这种作为前提与基础的素养培养出来了,才会释放出源源不断的创新活力,使人能够在信息社会游刃有余和从容不迫,而不是被动接受在知识与机器固化模式下的挤压。

信息社会千变万化,信息环境也不断更新,作为大学的教育者,如何理解并实现对大学生的信息素养教育就具有非常重要的前提意义。美国大学与研究图书馆协会(Association of College & Research Libraries,以下简称 ACRL)在 2015 年制定了《高等教育信息素养框架》(Framework for Information Literacy for Higher Education,以下简称《框架》),将信息素养标准更新为信息素养框架,旨在表明随着时代条件的不断变化,信息素养不是一套固定不变的标准,而是一个开放式的理念。也就是说,信息素养的理解是一个开放的理念,不是一成不变的教育模式与标准。《框架》并不是表明其所列的内容就是教育标准或模式,而是提供一种开放的思路,即启发我们可以从这几个方面入手加强对学生的信息素养的培养。

ACRL推出的《框架》对信息素养教育工作的展开具有一定的指导意义,它首先是启发我们对于信息素养教育这个理念的自身理解,即我们到底要给学生提供怎样的信息素养教育,其次是信息素养的教育如何实现,即我们通过怎样的方式体现出信息素养教育的价值。从目前学科教育实践来看,对信息素养的理解仍然较多地强化信息素养某一方面的"技能"(skill)培养,对于"元素养"(metaliteracy)概念理解较浅,相应的教育方式也较为狭隘,没有实现对"素养"(literacy)的全面理解与实施。在现实的教育过程中,我们很容易把信息素养具体实施为一些课堂教育,教学生如何使用数据库,如何进行检索和查找资源信息。这些工作并非不重要,但是这些只是停留在一个基本的技能层面,离真正的素养教育还相隔很远,还没有触及信息素养教育的关键与核心。比起简单的搜索技巧,学生更需要探寻真知的兴趣与勇气、辨别信息真伪的能力、驾驭知识的能力等,这些才是我们需要努力培养的关键素养。

对信息素养概念的理解至关重要,核心在于倡导"素养"的培养,而非单纯的"技能"训练。技能可以用具体的指标衡量,素养的形成却不是一日之功,也不可能完全用具体的指标列举出来,那样就把素养这个概念狭隘化了。这点对于大学教育尤为重要,大学教育不是单纯的技能培训,而是培养学生驾驭各种知识与技能的"素养",这才是大学教育真正的价值所在。尤其在信息化社会,知识的更新速度非常快,传统教育板块中的知识已经很难满足时代发展的需求,如果只局限于课堂知识模块的传授,那么大学教育的意义就和网络获取信息无异。因此,信息素养的教育是一个非常基础与根本的工作。它是比学习知识更具重要意义的元基础教育,是对知识认知能力的培养,即培养出对知识及信息社会的反观和审视能力。当信息素养教育的基础打牢了,它自然而然会形成各种能力与技巧。反之,如果我们过分强调技能的培训,则本末倒置失去了能力生成的基础。在信息化时代，信息素养非常重要，尤其对于大学生的能力建构而言。我们现在可以看到，学界关于信息素养的谈论很多，对应该培养学生何种信息素养进行了许多探讨。但是我们不能忽视一点，就是对信息素养中"元素养"概念的重视与关注。

我们可以看到，在《框架》理念更新及核心观念建构中，其中最重要的是提出"元素养"的概念。所谓元素养，是指在所有信息素养中处于最基础与根本的素养，也可以称之为元认知能力的培养。元素养构成一个人的能力体系的基础，它是一种对信息社会与信息环境进行观察和应变的能力，能够对各种信息流与信息要素进行把控与掌握的能力，是对外部信息环境积极响应与应对的能力。因此，这个能力是全面和综合的，在素养体系中是最基础与最核心的。教育的精髓就在于培养学生的这种元素养能力。这个基本素养能力，能够不断生发、激活、带动和催生其他能力的形成。

《框架》围绕元素养概念，提出了信息素养的六个要素。六个要素之间是具有逻辑层次的一个整体，体现着信息素养理念及教育方式不断拓展的不同层面。《框架》提出了信息素养教育的方向和实践思路，而非固化的技能或教育模式。这就要求我们不能脱离信息素养的整体理念去单独放大或强化某一个方面的技能或技巧。从认知科学的角度来说，信息素养是一个内外结合的学习过程，是一个内在能力不断与外界环境、要素相结合并产生新知识能量的过程。这都表明，信息素养教育工作的重点，一是对信息素养理念的理解，二是对信息素养教育实践方式的探寻。

我们按照人们的认知习惯与过程，以及实际教育阶段，将信息素养的形成分为三个阶段：信息素养的准入阶段、信息素养的建构阶段、信息素养的实践阶段，《框架》中所列的六个信息素养阈概念分别对应这三个阶段中。或者说，阈概念之间的逻辑关系及层次性通过这种分析框架加以揭示，从而变得层次清晰。可以看出，这是一个由浅入深、由低到高的进阶式教育过程。前置阶段构成后一个阶段目标实现与完成的前提与基础，三个阶段之间既相互承接，又相互依托，构成了一个有机的信息素养教育整体。学生的信息素养能力通过每个阶段的培养,在这种进阶过程中得以形成并提高。

信息素养的准入阶段,强调对信息的前期理解与认识。这是信息素养教育中最容易忽略与省去却非常重要的阶段。在这个阶段中,并不急于教会学生如何搜索信息,而要使学生明白什么是信息,信息的本质是什么,如何甄别信息,如何理解信息的权威性与可靠性等,只有理解这些内容,才能避免使用与创建信息时的盲目性。现时代条件下,信息的洪流呈汹涌之势,一波波不断向我们袭来,塞满我们的生活、工作空间。信息的繁杂性、多样性、无序性让人们无所适从,不知如何选择。从本质上讲,我们不能被信息左右思考与行为,而应以我们的认知与思考去驾驭信息,从中得到需要且有价值的信息,从而服务社会发展。这就需要培养学生的独立思考能力、分辨事物的思维能力、认知真伪的伦理能力、质疑权威的挑战能力和服务社会的实践能力。没有这些能力的培养,学生则会在信息的海洋中迷失自我,缺少这个阶段的素养教育,则失去信息素养的形成基础,对后期的信息应用与学术研究百害而无一利。

信息素养的建构阶段,着力于信息资源的组织创建,并匹配与之适应的检索手段与方法的学习。我们在目前开设的信息课程中,教学生信息检索的方法、手段和技巧,教他们使用各种各样的数据库。而在战略探索式检索教育理念中,信息检索的意义不仅仅是手段和技巧的运用,更是使用者对信息的发现、知识的组织,以及问题的探索过程。培养学生能够围绕某一问题或领域,对信息资源进行积极有效组织的能力,而检索方法与手段只是这个过程中的一个环节。例如,通过关键词搜索的前提是知道某个概念或知识点的存在,而知道某个概念或知识点的存在,是超越搜索技巧与手段的重要因素。并且,不同领域、不同类型的资源会有不同的检索来源与检索手段,还有很多是网络之外的资源,这就要打破学生过度依赖网络资源的思维定式,鼓励学生发现在网络之外不同类型资源的存在。因此,开拓性的思维,跨学科的视域是信息组织构建的基础与保障。

信息素养的实践阶段,也是信息素养综合运用于实践及学术研究的高级阶段,是在具体的实践及研究工作中信息素养能力得以检验及锻炼的过程,在实践中发现不足并主动丰富完善的过程。《框架》指出,通过探索式研究,以及对话式学术研究的方式促进信息素养的形成与提高,这一阶段要有不同于前一阶段的应用梯度,超越前一阶段的实践高度。这一阶段要能够帮助学生将信息素养能力应用于具体的实践及研究当中,帮助他们在实践中检视自己的不足并进行再完善和再提高。这种理念更加强调信息素养多维动态的形成过程以及应用场景的真实性。这需要我们教育工作者为学生搭建研究情境与平台,在真实的研究情境与应用场景中,为学生信息素养的运用与发挥提供实践条件以及进步的机制。

重视信息素养教育体系中元素养的教育与培养至关重要,那么这种培养的实践方式是什么呢?与信息素养教育中"元素养"概念理解相应的,就是"研习实践教育"(experiential learning)这种实践模式。这个概念的提出,是我们通过具体的实践得来的。香港城市大学图书馆开展了"The Lighthouse Heritage Research Connections"(LHRC)项目活动,其目标就是从学生的视角出发,在馆员、资源、师生、研究者之间架设一座连接与沟通的桥梁,以兴趣激励学生,以资源激活研究,以实践研究促进成果资源的再积累与转换,从而形成一个良好的教育循环,促进生态发展。

什么是研习实践教育呢?它的落脚点首先在于研习。在哪里研习呢?这个地点不是教室,不是图书馆的自习空间,而是把它放在了具体而广阔的文化历史空间,去历史文化遗迹中考察学习。只有具体实际接触、感知了这些文化场所,历史、文化、科学知识在学生的头脑中才不是抽象的概念,不是书本中沉淀的符号,而是鲜活的历史和真实的文化情境。用这些具体的历史场景去激活调动学生的知识储备。感知到具体的文化场景,那么如何靠近、了解、发现这些文化历史呢?这就需要引导学生去研究,去学习,在研究中学习,在学习中发现。因此,这个研究与学习的过程并不是空泛和浮于表面的,而是引导他们通过自己的学习,利用图书馆的资源、史料查找的方法、学科专家启发的研究视野与思路,自己去驾驭资源与资料,培养自己的认知与辨别能力。因此,通过这样的过程,我们不用刻意去教会学生使用什么技能与技巧,而是当他们在具体情境中遇到具体问题后,他们会去主动寻求各种知识与能力的补足与学习。

这种实践方式不同于图书馆常规开展的阅读推广和信息素养课程。图书馆开展阅读推广活动,目的在于使馆藏资源的价值得到充分发挥,并且能够在资源与读者之间架起一座沟通的桥梁。目前各高校开展的阅读推广工作,多是一些具体活动的展开,通过各种形式把书目信息推送给读者。但是这种方式也有它的弊端,首先是对资源价值的揭示不够。书目信息推送给读者后,其中真正的价值有哪些?与读者学习科研有哪些关联?这些揭示程度非常弱。例如,各个图书馆都藏有《四库全书》,大家都知道它是中华经典,但是它对我们现在学科的发展有哪些关联,我们现在的学生为什么还要去学习它、研读它?这种揭示就非常弱。事实上,很多学生连怎么使用与查找《四库全书》的方法都不知道,更不用说去利用和研究它了。那么,如果我们用一些方法将《四库全书》里面的知识价值与现在学科之间的关联列举出来并讲解给学生听,他们的兴趣和研究出发点就会完全不一样。而这样的揭示工作不是通过一两次的活动形式就能完成的,是需要把它纳入常规的工作机制中来。

常规的信息素养课程大多注重信息使用技巧的培训,教学生如何利用网络查找需要的信息。这是信息素养教育的一个层面,不能将其作为教育重点,过分强调这方面的内容。事实上,搜索技巧对于大学生来讲并不是什么难事,他们的信息检索能力有时甚至超过我们教师。但问题的关键不在于检索技巧的运用,而在于学生的知识结构与知识视野问题。例如,现在的学生都喜欢用百度等网络搜索工具,对信息来源以及知识的真伪却不加以甄别,这对于未来的知识生产与知识传播影响是很大的。另外,还有很多知识存在于网络之外的传统文献中,这就需要引导他们如何在网络之外查证资源的真伪,寻求真知。

我们可以看到,现代大学的各学科都在各个专业与领域精细化地发展。学科划分越细,则接触的知识越会受限。随着时代的发展,尤其是信息化时代的发展,面临的问题也非常突出,那就是社会出现的诸多问题,时代面临的许多挑战都需要我们用多元思维、多种维度去思考和处理。一个问题的出现与解决，它带动的知识链是很长的。表现在教育领域，带给大学的直接挑战就是如何培养面对时代问题、能够勇于挑战并且解决问题的新时代人才。学生在各领域越学越专只会加剧这种困境。跨学科学习、跨学科研究提出了好多年，但是如何实施，谁来牵头主导，并没有这样一个机构和部门。大学强调历史文化的传承教育，然而，历史文化从何处开始讲起，如何去传承，这些都不是空洞的，而是要落到实处。因此，种种问题的提出，都是希望找到一个契合点与连接点，能够有一座桥梁，把各学科连接起来，把文化与科学连接起来，把传统经典与前沿学科连接起来，把历史与未来连接起来。这个桥梁作用的实现，在大学里图书馆是最合适的实践场所。一直以来，图书馆的发展都以资源提供与借阅为功能主导。资源是图书馆最大的财富，也是文化传承的重要发展线索。但是这个资源如何得以利用与传承，它的文化传承如何开启，都需要我们思考。图书馆要发展转型，但是这个转型，不是盲目地求新求变，而是立足自身，将传统的部分在新的时代环境下做实做好，这就是创新。

当然，图书馆自身要有研究与推动实践的能力，有宽阔的教育理念与视野，有能够与学科对话与交流的能力，才有相应的引导与组织能力。因此，图书馆立足自身的资源，从学生的视角出发，帮助他们建立一个能在具体实践中感知、学习、把握信息和知识的真实情境与交流平台。在研究过程中，研究思路的研判，信息的获取，知识的处理，真伪的判断，知识体系的组织，研究成果的形成、推广与转化等一系列环节，都需要学生在真实的科研环境下完成。在此过程中，尽管可以得到馆员、教师、专家、文化工作者的指导与帮助，但能力的锻炼与成长的感悟，唯有通过亲身实践才能深刻体会。在这个过程中会遇到怎样的问题、困难与阻碍，都是无法预设的，因为没有固定的传授内容与模式，当他们遇到文言文学习障碍或知识查找障碍时，就要自己主动想办法去学习、去克服，那么他们的能力会在具体研习情境中得到提升，他们思考问题的广度与深度在持续启发中不断拓展。相较于课堂上教他们搜索技巧等片面的教育内容，这正是研习实践教育的魅力所在。大学必须有这个责任意识与自信担当,要把学科教育与学生认知能力培养真正结合起来,在跨学科领域多做一些单独学科做不了的事情。

信息素养教育是大学教育面对信息时代挑战必须加强的重要内容,是大学不可推卸的责任与担当。我们通过具体的工作将这种素养教育落到实处,使其具体化,这就是有内涵且具行动力的转型。为此,我们要不断加强和深化对信息素养教育内涵的理解。信息素养教育的实施以理解信息素养内涵为前提。信息素养是一个随着时代条件变化而不断发展的开放概念。信息素养不是某种技能与技巧,而是形成各种能力的基础和动力。有了这种源动力与基础,才可以面对并解决信息社会的各种问题与挑战。信息素养教育的根本就在于对素养内涵与体系的理解与深化,这决定着培养目标与教育指向,决定着信息素养教育格局。

信息素养教育应与大学改革创新进行深度的融合。大学教育的提升与创新,是整个国家改革创新的关键。只有大学教育的创新思路被激活和提升,才能够为国家培养更多的能够应对时代挑战的人才。创新不是一朝一夕的事情,而是自下而上,汇聚所有教育精华的力量共同推动,才会形成创新之势。在资源与教育功能相结合以及信息与人工智能时代对人的智力全面挑战的背景下,信息素养教育的植根培养,能够赋予人才及社会更大的想象力与活力。在很大程度上,可以说,对信息素养教育理解有多深,就能在多大程度上赋予人才培养新的内涵。

信息素养内涵的理解力是信息时代创新发展的动力基础,大学教育是实践信息素养教育理念的重要保障,两者是促进社会发展的有机统一体。只有大学不断创新教育模式,才能不断践行信息素养教育的理念,只有信息素养的理念不断被深度理解,才能不断焕发出新的教育灵感。两者只有不断深度融合,相互促进,才能共同创造出推动社会发展的价值力量。

研习实践教育是推动信息素养教育与大学教育改革创新两者融合的重要方式。一方面,研习实践教育体现着对信息素养中元素养的理解。

元素养是信息素养教育中关于对事物的感知、判断、驾驭的综合能力。培养这种能力必须具备哲学、文学、艺术、历史、科技等多学科领域的宽广视野。这种素养的形成不能依靠传统的课堂教育来实现，而应创造出一些真实研究情境、研究平台来激发学生兴趣，以真实应用环境中切实的知识需求，倒逼学生寻求知识线索，学习解决问题的能力。这样形成的素养就是稳固的能力，是帮助学生形成大格局与多维思维能力的重要方式。此外，这种研习实践方式还能把教师、学者、文化科技工作者、学生融合成一个整体，形成一个广阔的交流平台，每个参与者都能从这种研习实践中获得不同的体验，并满足自身的知识需求，通过积累实现知识创新与分享成果。另一方面，研习实践教育拓宽了大学创新教育的思路，使人们不仅看到大学经典传承的一面，更看到了大学迎接时代变革，主动创新知识发展环境的崭新面貌。

第六章　中国式现代化的历史必然

　　信息化发展与现代性建构正走在同一个历史维度,中国式现代化道路在其中起着至关重要的作用。中国正在以自己新的历史理解与历史实践方式书写对信息时代现代化道路的崭新理解,贡献自己独特的理论与实践价值。在现代性的时空维度中,信息化正借助技术手段在空间维度上推动现代性的内在深化与历史发展。在全球信息化的宏大历史图景下,在抢占信息技术与人工智能发展先机的背景下,在多维求变求新求稳发展的积极实践路径下,中国式现代化正在努力建构自己的价值内核与实践动能,正积极把人的全面发展作为信息化时代下现代化建设的最根本目标和核心价值。

　　在信息革命与技术之争主导的全球社会环境中,文化面临着将现代化发展过程中散落的差异化元素、空间碎片化内容重新熔铸为具有整体性的精神文化内核的历史使命。在这种文化培育和社会凝聚的过程中,形成我们在中国式现代化道路中新的思考方式、行为方式,制定新的社会行动方案,从而打造出我们应对复杂局面的甄别能力、反思能力、批判能力和思想能力,以及引领时代发展的行动能力。

　　信息革命带来新的空间生产与经济发展新形态。面对新动能、新生态的历史发展时期,中国在保持人类解放乐观精神的同时,正努力建设社会主义精神文化引领的新实践舞台,践行着中国式现代化的发展道路。面对马克思主义带给我们的丰富理论遗产,我们必须立足当前的时代语境,继承与发扬马克思历史唯物主义的理论建构方法,切入对时代问题的思考,赋予理论的时代立体感,在新时期建设中展现中国在未来世界历史舞台上的新作为与新担当,展现中国文化在现代性场域中的时代特征。

中国将在社会主义新时期的文化话语与经济建设中,建构出具有中国特色的现代性道路与历史叙事。

一　信息逻辑的现代化反思

在社会发展过程中,始终有一种决定性的生产力因素连接并整合着社会结构的各个层面,其发展形态成为时代的突出特征。农业社会以农耕生产为基础,追求农耕生产带来的社会增长。工业社会以经济增长为取向,追求工业生产带来的经济效益。信息社会以信息技术作为发展引擎,通过技术编织和处理各类复杂庞大的关系,实现关系的生成与交换,信息技术从而成为管理社会的支配性力量。生产力发展方式塑造了社会运行机制,也决定了生产力与生产关系之间、精神与物质之间的内在关联。当这种支配性的力量扩散弥漫至整个社会关系和社会结构之中时,传统的权力和经验就会被其穿透并进行修改。"技术文明通常是同控制、中介(mediation)、效率和合理性相联系的;它一方面是革命的,另一方面却缓和或疏离财富/贫穷和自由/奴役。"①由此可见,在技术文明的影响下,信息技术所带来的改变社会的力量成为当代的象征性力量,统摄社会管理与运行规则。在当代,我们可以称这种力量为信息逻辑对社会的强制。

所谓逻辑,在现代性历史叙事中,是一种对社会形成强制与约束的力量。在信息社会下,人们对越来越趋向数字化模板生成的社会规则与社会规范无力辩驳。信息逻辑表达与定义着知识、权力、经济规则在现代性当下的呈现方式,定义着一切在信息化的组织方式下形成的社会样态。信息的初衷是解决地域空间阻碍带来的未知及非确定性。随着信息技术的不断驱动发展,信息奉行的是把一切都数字化的物化思维。虚拟网络空间的构建,已然成了当代社会空间存在的新形态,虚拟网络空间成为社

---

① 　[匈]阿格尼丝·赫勒.现代性理论[M].李瑞华译.北京:商务印书馆,2005:226.

会结构中不可或缺的重要组成部分。由此带来的网络化思维与虚拟化空间逻辑的扩散,改变了传统社会认知中对于生产、经验、权力与文化的观念。在传统社会中依靠物理连接进行交流与互动的人们,现在由虚拟空间代替他们行使交流与互动的权利。网络是现实世界与虚拟空间的连接器与黏合剂。数字化参与到对社会生活的编织与定义之中,改变并异化空间的存在格局,使数字话语权发展成为一种独特的社会力量。在数字化定义面前,个体不仅无力反驳,更会失去话语权。在数字化生存下,人们必须将越来越多的主体权利让渡给信息世界中的各项技术协议,才能获得在现实社会中的各种社会通行证。

信息技术改变了传统时空的内在尺度,使信息打造的虚拟空间成为人类现时代新的存在方式,并形成了独特的空间话语。传统的地域空间并非不重要,但以虚拟方式构建的新型空间关系,既改变了人类基本活动的方式,又改变了人类的思维方式,更易形成新的空间话语权。这种信息技术打造的空间是一个流动的空间,流动的阻碍不再是地域中的物理阻隔,而是各种社会实践中的意识、话语、权力等片断集结而成的信息逻辑。网络改变了时间和空间在现实世界中存在的规定性,从而建立起一个虚拟的充满各种"流"的空间。现实世界融入信息建构的虚拟世界,各种信息在虚拟空间中流动,从而形成充满各种"流"的空间。在"流"的空间下,充满着各种社会关系的交织与对抗。

现代性奠定的核心逻辑就是资本逻辑。一切的时空转换,生产力的推动,人类社会的新陈代谢,都是围绕着资本的运作而展开的历史过程。资本是现代世界推动生产力发展的发动机,是社会组织中各种交往规则、交换原则、价值定义的始作俑者,是现代性社会展开其历史延续的源点和源动力,它带着理性启蒙的开化和对时空的筹划,在资本的运作耕耘中推动着社会前行。那么信息逻辑的出现又是什么意味呢? 信息逻辑是否消灭或更改了资本逻辑对社会的定义呢? 不可否认,信息逻辑同样是一种社会强制,是技术编织的社会话语权的呈现和社会强势话语的表达。

但是,信息并没有改变资本逻辑的本性,并没有改变资本发展的方向,并没有使资本逻辑消失。恰恰相反,信息是在强化资本逻辑的存在。信息技术的发展,其实质是为资本开拓出更多的腾挪空间,开辟更多的资本吸附空间,而信息逻辑不过是当代掩盖资本本性的新范式话语。它以看似客观公正的科学、自然的技术逻辑语言,向人们展示社会机制与秩序规则的合理性与公平性。通过技术向人们展示不掺杂人的主观性的全数据语言和评价,力图展示自身叙事的无可辩驳性。信息是资本逻辑的当代话语替身,是资本逻辑的技术化身。它用技术的表象掩盖社会关系的复杂性,用技术的手段为复杂的社会结构进行"简单"的算法切割与分类,用技术画像勾勒社会面貌,用技术形态呈现社会真实。信息技术背后是资本强制带来的社会定义,信息技术的发展是资本力量的推动。失去资本的推动力量,信息技术不会有突破式发展,失去信息技术为资本谋划的空间版图,失去信息技术供资本腾挪的余地,资本的发展则会失去进一步的驱动。信息逻辑与资本逻辑是同一事物的不同表达,是资本逻辑在当下时代的代言人,信息逻辑并不代表资本逻辑本质与方向上的改变,而是为这种方向与本质披上了一件技术的外衣。

资本逻辑在信息技术的重新雕塑下,化身为信息逻辑对人们实行强制,从而助推信息成为现时期社会规则逻辑强制的代言人。信息革命在变革人们思维方式和生活方式的同时,也在深刻地重塑我们的社会结构,其无所不及的信息化触角已经渗透到社会的各个阶层和领域。人们在接受信息技术定制的社会生活的同时,也在欢呼这个信息时代的技术胜利。它可以表现为智能化、智能工具、AI 技术,这些是人类不可或缺的得力助手,但其实在不知不觉中正在替代人类的主体存在。人们似乎对信息技术无比崇拜,全社会都在用信息技术作为各行各业发展的叙事神话,仿佛只要与信息技术拥抱,与人工智能拥抱,就能得到全世界深情的回馈。人们相信信息革命会给人带来无比美好的生活,自启蒙以来现代性的叙事神话在当代已经被信息技术所接力,继续着神话的现代性传说。人们似乎都处于一种对数据迷信和崇拜的集体狂欢之中,欢呼着智能对世界驾驭的同时,并没有清醒看到信息技术对人的本质存在的替代与驾驭。在这种对技术膜拜的盛世狂欢中,处于价值链每个环节的产业都在跃跃欲试与信息技术的联姻,都希望在这个信息革命带来的风口上乘风破浪。这对于市场和资本发展来说,是个绝好的吸附资本、吸引资本投入信息领域建设的机会。大量以收集、整理、储存和加工数据为主体的产业,在不知不觉中确认了社会技术理性的话语权。谁占据了信息技术的高地,谁就拥有了掌握社会系统的法宝,谁就抢占了各类社会高地的话语权,形成对行业和产业的垄断。信息技术帮助社会实现了可供量化与数字化定义的维度,这是技术推动的社会发展不可避免的事实图景。人的主体性被工具性数据与思维方式定制,在被信息化度量的同时,人有时甚至也可以成为可被替代的对象。

曼纽尔·卡斯特尔(Manuel Castells)撰写的《网络社会的崛起》《认同的力量》《千年终结》组成了信息时代三部曲,向人们传递了信息化时代的最明显信号。信息时代经济的信息化、社会的网络化以及文化的虚拟化,标志着一个全新信息时代的到来。信息化时代,技术手段不仅没有弥合不同群体间的社会差距,反而成为加剧这些结构变迁与变异的助推力量。信息化带来的"数字鸿沟",其背后实质就是社会各方不平衡力量与不均衡发展在信息化时代下的另一种表现与呈现而已。数字鸿沟表明它早已不是单纯的技术障碍,而是深植于社会结构之中的各种关系壁垒、力量悬殊、话语强权在新技术形式下表现出来的技术表象。它诞生于社会结构之中,产生于社会不平等之中,技术再次激化了这些矛盾与冲突的对立。信息技术不是解决问题的良方与良药,甚至它本身就不是为了解决这些问题而存在,它只是一个理性而没有价值判断的工具。信息技术有它自身的使命,尽管各种社会发展的过程会改变它最初的目的,但是这一切的发展与目标设定,都是为了资本扩张。

信息建构了丰富多样的空间体系与层级,这种建构更具精准与针对性,也就是说,信息化空间就是按某种意图与目的进行建构的,在某种意义上已经定制了信息化时代下人们的生存状况。人们无时无刻不处在被信息化生存定义的状态之中。数字化生存使得人们在使用各类 App 时，被额外要求主体用户权限，由此，地图探测路径时暴露的行踪隐私、个人浏览记录、商业领域留存的客户信息、各类网站记录的用户购物习惯、网页浏览记录以及社交关系网等信息，都会形成无数的数据流。任何在过去看来不经意的言行，如今都成为具有独立商业价值的数据。人的无意识行为，在信息技术看来都具有集体性和可操作性以及可重复性的探测价值。正是这些行为数据的产生与收集，能够为人群画像和社会关系画像，这些数据也会成为某类主体可操控的对象。人最终成为技术世界的摹本，技术打造的信息空间成为世界的原型。

我们身处于一个技术统治的世界。在这个充满信息能量的活跃世界里，每个人似乎都是挑动技术的高手，但同时也在不经意间沦为技术的奴隶。人们在触屏手机上滑动手指，在键盘上输入信息的刹那间，便已然将自身交付于无边的网络之中，建立起与这个真实世界的虚拟化关联。人越想真实存在，结果越需要在这虚拟世界之中投入自身的存在，越需要在虚拟世界中建立起身份的确认与认同。这是信息时代与发展本质背离的荒谬之处，也是信息时代人的生存悖论。在技术编织的牢笼中，没有人能够幸免，没有人能够脱离这种信息世界的存在。信息技术在不断编织这种社会存在，并在虚拟世界中建立起对真实世界的投射。

"在韦伯于 1904 年写的《新教伦理与资本主义精神》一书的核心思想中，将整个'现代经济秩序的庞大宇宙'视为'一个铁笼'。那种铁的无情的秩序，那种资本主义的、墨守成规的、资产阶级的秩序，以'不可抗拒的力量决定着一切降生于这种机制中的个人的生活'。它必然'决定着人的命运，直到烧光最后一吨化石形态的煤炭'。其实，马克思和尼采——以及托克维尔和卡莱尔和穆勒和克尔恺郭尔和所有其他伟大的 19 世纪批判家们——也都理解现代技术和社会组织是怎样决定人的命运的。"①信息技术推陈出新的力量成为世界的统治基础，成为世界图景被模板化建

---

① ［美］马歇尔·伯曼.一切坚固的东西都烟消云散了［M］.徐大建，张辑译.北京：商务印书馆，2003：32.

构后无力逃脱的历史命运。人类的真实世界成为虚拟世界的镜像,而不是相反。个体把握世界的基本方式,已经从依靠各类生存工具,转向无边的、带有即时响应效应的网络世界。网络成为人们有力的、看似最可依赖的工具。正因为这种依赖性,网络成为现实资本世界最得力的开发工具。它可以使人对信息产生渴望,对信息带来的无边虚拟世界充满探寻的向往。这同时也是资本借助网络,实现无孔不入的最佳通道,并且这种通道连接的就是作为终端用户的个体。网络这种特征,决定了它传递的内容能够立即被观看,同时也意味着能够立即被消费。信息时代网络的碎片化、分裂性、无逻辑、无主体、无深度的存在特征,正从各个维度撕裂人的整体存在。

人的看似自由的选择最终逃脱不了被信息化定制的命运。看似的自由选择,实质是由层层的设计和意向锁定的精准推销。无论情愿与否,人们都不得不接受这样的技术现实带给人的真实处境:被定制、被锚定、被监控、被推销。信息已然从技术手段跃升为一种控制力量,实现了对人的隐秘与权利的侵犯。

在卢曼看来,现代社会是一个由现代性机制反复诱导并衍生复杂性的社会。要简化这种复杂性,只能通过人们在主观世界中相互给予的信任、权力或爱等交往方式来实现。而借用信息化的方式与手段来看,复杂性问题的解决则需要通过更为复杂与庞大的系统建构去解决。在信息社会环境下,这种通过信息化方式不断建构各类系统的现象愈演愈烈。在过去看来不可能被描述的主观问题,如信用问题、情感问题、动机问题、目标问题等,所有人的主观维度都可以通过复杂公式计算并还原出来。以系统制约系统,以复杂应对复杂,以评估约束评估,衍生出更多的复杂性,而社会则在层层复杂递进中失去了以往的信任基础。

人的主观世界与情感性认同,在信息社会遭到瓦解。在信奉数据与可视化的时代,人的主观性是最不可靠的社会行动参考依据。人的主观世界的建构与精神存在在信息时代成了难题,也是技术不愿解决的问题。甚至在信息技术看来,这不应该成为问题本身。信息乐于见到每一个人在技术照射下都变成赤裸裸的透明人。所有关于人的主体权利、个体主张以及私人领域的建立,在信息时代看来似乎都是多余。个体的私域不时被信息技术所侵占。个体私域与公域的边界被不断模糊,以至于很难界定自身的存在。社会公共性对于个体边界的承认与保护,似乎也成了一种难题。对个人边界的界定不清,同时也模糊着人们对民主的认识。这些都是潜在的社会风险。

哈贝马斯在其最新出版的《技术官僚统治的漩涡》中,担忧政治民主具有倒退的风险。在哈贝马斯看来,欧债危机发生的背后实则是民主政治机制向市场的妥协。在这个时代,技术所代表的精英阶层已经接管了对国家权力的行使,并由此技术性地修改了民主统治的形式。技术可以通过削减或代替民主手段来进行政治上的决策,这在西方实施的用技术手段干预社会民主进程、发起议题罢工中都可觅到其踪迹。信息技术可以实现民意的引导,可以实现舆论的发动,可以消散传统民主中对话的主体。技术官僚的上升,恰是信息化时代必然出现的结果。技术独裁的形成离不开信息技术的支撑与发展。这种技术独裁对民主的影响表现为,为了达到某些特定的利益,最好的方式莫过于瓦解传统民主形式中商谈的机制,从而让人们在无形之中放弃对民主争论和商谈的期望,直接走向由技术数据所暗中决定的、带有倾向性的选择。哈贝马斯认为,这种放任技术行使权力的不担当与放任的任意性,恰是技术官僚统治的一个重要特征。

政治被技术所定制,权力被技术所包装,民主被技术所伪装,对民主的操控变为对技术的操纵。信息技术可以被打造成民主的代言人,民主的过程与形式交由数据技术来决策和主导,而这一切看起来又那么公平与公正。人们进行协商的主体被取消了,谈判的主体与对象式微了。政治民主的协商对象是数据吗?是技术的发明者或操纵者吗?这种暗自形成的民主规则已经偷换了传统以来长期在历史实践中形成的民主概念,瓦解了民主协商的双方,让人们感觉信息时代的民主表现形式一切都是那么自然而又浑然不觉。谁反对不公,就是反对由技术定义出来的无比精致的规则,这种铁律是经过大数据"民主"得来的,而民主的过程就是大数据通过人群搜集过来的。个体无法反抗这种搜集得来的"多数人"压倒性意见,大数据被视为多数人意志的代表。整个世界的民主、规则都被无限扩张的数据所驱赶、所定义。

"当人们认为技术是一种内容广泛、有特色的生活方式,并且开始要求技术特权时,这些物质上的好转终于出现了。更准确地说,当人们竭力想达到技术与自由民主制之混合时,这些变化便发生了;这种混合构成先进工业国家的公共秩序。有理由相信,没有技术,自由民主制度不能实现。现在看来,没有自由民主制度,技术也不能发展兴盛。在任何情况下,假如技术力量是良好有益的,现在能有什么理由传唤技术到道德法庭受审呢?"①但是长远来看,在享受技术带来的新鲜社会成果乐趣之后,人们不得不再次面对由信息技术带来的信任与社会民主危机。

面对被技术官僚统治的去民主化的欧洲政治,哈贝马斯试图重新激发起理论批判的新潜能。作为重视社会主体间性的交往、试图打破与重建现代性主体间性的理论家,哈贝马斯敏锐地意识到主体性在数字化时代下陷入了更深的社会危机之中。主体间的交往维度与可能性被技术彻底瓦解。无主体、无主体间性、无沟通主体的技术模式成为现时代民主话语的主体特征。主体性被无情的技术话语还原为简单的机械性的、指令性的社会存在,从而代替人类主体的理性能力、反思批判能力、社会交往能力,剥夺人类主体民主协商的机会。信息时代技术逻辑霸权的掌控力,同时表明民主在现代性历史发展阶段陷入深度漩涡。信息逻辑的通行是现代性进程之中不可避免、不可调和的发展悖论。信息时代是对人之主体性实现技术替代与程序否定的时代,人越是希望通过现代性建立美好家园,就越容易走向自我消解的悖论局面。信息逻辑重新编译着当代资本逻辑,成为信息技术时代抽象于人之主体之上的形而上学。

---

① [美]艾尔伯特·鲍尔格曼. 跨越后现代的分界线[M].孟庆时译. 北京:商务印书馆,2013:97.

信息逻辑成为时代的强制与控制,使得置身于信息时代之中的人们难以置身事外和抽离其中。面对不断深陷的时代漩涡,人的主体性、自由性如何在这个冰冷的数据时代面前得以重新回归,从而不再受数字时代定义的钳制,不再成为信息技术替代下的时代多余,这是每一个有社会责任与政治担当勇气的思考者都必须直面的问题。

中国在发展社会主义现代化道路的过程中,同样面临着信息技术带来的社会生产力驱动发展问题。我们面临的既有信息技术带来的生产力发展在全世界竞逐的时代局面,还有人在信息化时代背景下的生存与发展问题。在信息技术编织的生产力发展配置中,作为主体的人的劳动力贡献价值越来越弱。技术带来的理性逻辑定制着对生产过程、生产目标、资源配置的过程与路径,人在其中的作用越来越微乎其微。在生产日渐丰盛的同时,社会也产生了越来越多的剩余人口。所谓的剩余人口,就是被排除在劳动生产过程之外的人口,被排除在就业劳动力人口之外的人口。技术像一台无情的机器,在规划生产路线的同时,也影响着人的存在境遇。西方资本主义遵循的就是这样的资本逻辑,不断用技术加剧经济发展带来的社会异化,这看似是技术的原罪,实则是技术被资本追捧和定义的结果,脱离资本影响的技术发展是不存在的。只要能够带来资本的增殖,那么技术手段,以及带来的劳动力人群的消失,在西方资本主义看来是理所当然的历史必然。技术的理性发展从来不是单向度的自动操作,而是出于背后统治阶级真实统治目的的需求。

因此,信息社会的技术发展,不应当是将人的主体存在排除在外的社会发展。不同于西方资本主义的发展路径,中国的现代化道路建设必定将人的全面发展纳入信息社会发展的核心价值体系。信息技术带来的社会进步与发展,一定是适宜于人的发展,一定是符合人的利益与发展的社会推动。没有人的主体性存在,尤其是没有作为社会物质财富创造主体的广大人民群众的存在,社会发展就会失去动力,沦为抽象的存在。信息化技术水平的提高,生产力的提高,人工智能的快速发展,一定不是以消灭劳动力人口为代价的。我们中国的社会主义现代化发展道路,绝不是以排除劳动人口于信息社会之外为发展方式的,经济格局也绝不是以人与机器之间的竞争演化为人与人之间的对抗,而是以尊重人、重视人的全面发展与全社会共同富裕作为自身现代化道路的内核与根本发展指向。

社会主义发展是以实现人的充分而全面的发展为目标,中国的现代化道路必然是以自身的社会价值体系与精神文化内核为支撑,这赋予了其发展的底气与信心。这也是中国道路与西方资本主义道路在本质上不同的体现,是向世界提供具有不同内涵与价值的中国式现代化范式。这就要求我们在审视信息化带来的技术发展与生产力发展的时候,在审视以人工智能为代表的信息驱动的时候,一定不能脱离对社会价值评判、社会伦理、人的情感价值、人的生存需求等诸多维度的考量。技术不是纯粹地脱离人的主体而独立狂奔的异在,而是围绕人的主体价值生成的服务客体。技术不能褫夺人的生存价值,它必须回到为人服务的价值准则与轨道当中去。技术解除的是人从事繁重劳动的束缚,而不是剥夺人从事劳动价值生产的权利。技术不是通过排除劳动力人群来实现价值掠夺,而是要助力人的主体价值回归,实现共同富裕的目标。

中国的现代化发展的价值内核,就在于把人的发展与社会的发展紧密结合起来,走共同发展与共同富裕的道路。中国特色社会主义道路的集体主义思想与实现人类命运共同体的世界理想抱负,是中国独有的理论的气魄与实践的动力,有这样的政治担当与社会责任,有这样的社会制度的保障,就能够把人的全面发展置于优先地位,能够在砥砺前行、艰苦奋斗的现代化道路中不断深化社会主义核心价值观与社会实践理念。

二 新质生产力的文化底座

在生产力与生产关系两者关系的辩证发展过程中,社会有了真正的发展与前行的动力,也正是在两者的相互促进、相互作用的动能下,才赋予人类社会不断步入更高阶文明状态的可能性与推动力。生产力决定生产关系,有怎样的生产力水平,就决定着有怎样的生产关系和组织形式与之相适应。在信息社会的前行发展中,在我国社会主义步入新的历史发展阶段中,对生产力进行提质增效,强化生产力对人的主体服务意识,赋予社会发展新的能量与动能,就成为中国式现代化历史发展的必然。

新质生产力是党和国家在新时期发展的战略高度上提出的不同以往历史时期对于生产力发展的内在要求。新质生产力一定是基于安全、绿色、可持续发展的人类价值维度进行的生产。这就赋予生产以方向和发展的动力。新质生产力的新,不仅在于围绕技术与科技带来的变革,更在于寻求生产力发展的新方向、新模式、新动能。即寻求在新的时代孕育下不断催化出新的生产力发展方向,不断挖掘生产力为人类全面发展进行赋能的潜能。新质生产力不是盲目地进行规模与产能的扩张与技术鼓吹,而是在价值维度上对生产力发展方向的重新审视与规划,即在什么价值维度与价值内涵上进行生产。只有这种维度和方向不断清晰起来,才能不断发挥社会主义生产力为人类造福的潜能。这些价值维度的呈现,只有在人的精神文化与思想充盈的状态下,才能不断延伸出这些社会价值维度。

精神文化是人类对永恒的精神、情感、价值的追求。它不仅是人类文明的核心,更是引领社会发展和社会生产力发展方向的精神指引。在精神文化的审视与烛照下,人类的现实生产力不过是实现这一精神指向的外在手段。社会一切生产力的促进与发展,其最终向心力永远是朝向人的充盈富足的精神文化世界,从而实现人的本质全面而充分的发展。因此,精神文化既是一种文化主体,同时也是一种价值尺度,更是对现实生产力发展方向与发展内涵的价值规约。新质生产力要求在更高的精神层面和价值尺度下,社会生产不仅要满足人的基本生存需求,还要在更高层面上实现人的价值需求。价值维度的提出,同时就决定了社会生产力进一步发展的方向。在信息化程度越来越高,生产力手段不断满足人的基本生存需求之后,要迈向新动能、新方向、新价值的社会生产。价值维度的提出与审视,在于为社会的生产力寻求更高层面和更宽领域的拓展。这是对生产力发展内涵的深化和道路的拓宽,而不是窄化。因此,在历史发展新时期,生产力发展缺的不是手段与工具,而是引导发展的方向。

在信息化时代,生产力以信息化手段为引擎,以信息生产与智能制造作为主要的发展目标,以人工智能产业化为发展规划。这使得以信息技术为驱动的生产力水平得到了前所未有的发展。仅在技术角度理解人工智能,在生产力与产业发展层面界定人工智能,都会使人们形成一种刻板的社会认知,即这个社会的生产力是由以人工智能为代表的信息技术驱动发展的,信息技术越发达,越能带动生产力的发展。生产力的发展似乎就在于技术的推动和技术水平的不断追逐。

信息技术在未来一段时期内是否会成为决定社会生产力发展的关键力量以及主导社会发展的重要因素,以及社会的发展是否由技术决定其发展程度与深度,这实际上不是单纯局限于技术赛道上的审视。以技术来审视技术,无法真正理解它,只会使技术沦为脱离人的发展,被社会忽视的工具性存在。如果任由技术决定论在社会发展的思想中蔓延,对于社会的发展来说,那必定是狭隘与危险的。事实上,技术对生产力的推动并不必然决定其在经济提振中的作用。技术是个单向度的生产力推动力量,它只专注自身技术思维与工具逻辑的发展从而保持其专注的力量,而不会环顾社会四周的相互关系及作用。简言之,技术的发达并不必然带来生产力的发展,生产力的发展并不必然带来经济的繁荣。技术、生产力、经济二者之间不是一个直线的线性发展逻辑,不是一个直线推导的社会发展过程。经济融合着技术与生产力的相互发展,是作为技术与生产力综合作用后的结果呈现。但是,在更高层面来看,经济的发展与繁荣也不是单向度的经济赛道的奔跑,而是需要社会多方面的因素对其的成就,其中最重要的还是回归到人的价值尺度,回归到人的真实需要。以人的全面发展与实现作为审视经济维度和扩展经济赛道的重要价值内核。

由此说来,新质生产力的新,在于其质的更新与创新,在于质的变化与提升,在于对生产力理解的观念更新。这个质是不断满足人民日益增长的对美好生活与精神文化的追求,是通过人的价值更新与提升来表明与此前不同的社会生产阶段,由此界定出生产力在更新提振后的生产内容、生产目标、发展方向与价值指向。这个质一方面透过社会主义制度优越性,能够区分与资本主义发展生产力在本质和道路上的不同,另一方面,透过文化的涵养与孕育,在社会主义精神文化与价值体系的审视下,能够呈现出社会生产的价值维度,从而彰显出中国式现代化独特的价值内核与发展旨向。

我们可以肯定,生产力是社会发展的推动力,社会进化的核心是文化的积累与创造。对于信息社会时代的生产力发展,我们认为新质生产力发展的价值审视维度应归于文化的力量。文化是人们社会生活总体样式的呈现与反映,是维系人们精神存在与精神价值并保有价值尺度的根基力量。文化主体性力量的确信以及对人的精神涵育,便生成了当代人对精神文化凝聚与反思的价值维度。在这种价值维度的呈现与反观下,生产力便有了前行的动力,生产力的发展才有了满足人的价值需求、符合人的价值尺度的现实动力。由此,构筑新质生产力的坚实底座,不是来源于技术,而是文化。只有文化才能蕴含着价值维度,只有在人的价值维度中进行生产,生产力才有前行的方向与不竭的动力。

在现代性的发展过程中,文化一直是被资本裹挟的对象。资本对文化的利用既是片面的,又是抽象的。在资本的裹挟与利用下,文化参与商品生产,但失去了对生产的审视与精神价值评判。资本擅长从文化中抽象出具有表征性的符号,而这种符号又必须与某种商品价值相连,能够将文化符号变为具有交换价值的商品。因此,文化在经过"某种生产过程"后,便具有了生产性的商品价值意味。由此,具有商品意味的文化感官性、实用性,在资本的商品气息下得以显现,文化成了表象、感官般的存在。被资本抽象出来的符号不代表传统社会中阶层、阶级的划分,却代表着资本对其占有性和商品的可消费性。符号消费成为物欲时代,人被物质标签化的特有景象。在资本世界中,不把文化包装成商品,就无法获得在现实世界中的通行证。西方的消费主义、享乐主义价值观将人置于物欲的控制之下。不是文化审美主导人对物的判断，而是符号替代人，依据消费差异在人群中进行区分。消费主义褫夺着人们的心灵与本质的存在，经济规则便成为说服这种存在的力量。

文化作为商品流通，使得文化只有作为能够唤起消费群体购买意识的文化商品，能够打造成具有商品价值的文化产品才可以显现它的存在。资本把文化具象化，赋予其商品形象与商品价值。在现代社会，文化变成了需要被消费掉的一种商品，并且需要通过价格标示出来。它必须演变为一种可被接受且易于消费、能够唤起消费者欲望的"物"，才能够获得市场的通约性存在。文化的商品化和商业化，迫使文化的生产者们也进入一种市场竞争的状态之中。每个文化作品想要实现销售并获得市场认可，就要竭力改变审美的判断基础和价值取向。文化成为一种迎合，而不是呼唤和启迪人们的心智。文化衍生品越来越趋向人们的及时享乐和片面消费，令人深陷其中却又无法自拔。在信息时代，这种文化的感知与体验，变得更具紧迫感与压迫感。时间的压缩化、生存空间的碎片化，带来人们精神层面上的碎片化，导致文化的整体样貌得不到恢复。

文化应当是与人们的生存感受、生存境遇相连的东西。然而，在现代社会，文化往往与资本生产过程紧密相连。作为文化的意义而被保存下来的事物，必须经得起历史的检验。没有沉淀的、缺乏内涵的文化商品与符号，是无法转化为能够流传与传承的文化的。在信息化时代，AI技术通过人工智能批量生成的内容产品，绝对不能称之为文化和艺术品，它们只能充当某些应用场景的材料库。技术时代批量生产的只是转瞬即逝的使用产品，缺乏人的精神审美与艺术创作，成为不了能够传承的东西。这也再次说明，现代性对艺术与文化只是使用与消费的态度，缺少审美与人的精神凝聚，是无法形成能够传承的艺术与文化的。

从本质上说，城市文化是以各类空间形式存在的，空间成了文化的表达主体与表达方式。正是透过空间的形成组合与不断地变化，向人们传递与表达其中的文化之义，使人们感受到生活于其中的存在意义。城市作为人类物质与精神文明进化的历史成果,自身就具有文化积累的意义和创造的功能,更成为在现代性展翼之下,当代人孕育其精神文化存在的主体场域。城市带来的独特空间体验与感受缘于不同的空间基质,它是人类当代文明形式的集合体。城市在自身空间化发展中也塑造着人类的行为与生活方式。城市"对空间和时间的象征性有序化,为我们通过得知我们在社会中是谁或者是什么而进行体验提供了一个框架"①。因此,正是在这个意义上,芒福德把城市称为"人类文化的容器"。城市是现代性的主场,是现代性成其为自身的具象表达与物质精神载体。从历史发展来看,城市是人类文明形态的集中体现,是人类物质生产与精神文化进展到一定历史阶段的必然文明成果。城市以空间存在形式展示出人类文化的存在,并进而以自身空间结构特征与叙事逻辑表征其文化的独特性。

在城市空间下,文化经常表现为一种可供消费的景观,通过建造起来的外在形式与营造的观感,向人们展现出现代性所具有的空间独特性和新奇性,进而化身为极具吸引力的消费品。"文化是一种形式的共享资源,但不可否认,文化曾几何时已经成为某种类型的商品。人们普遍认为,文化产品和事件(艺术品、剧场、音乐、电影院、建筑或更为广泛的具有特性的生活方式、历史遗产、集体记忆和情感上的社区等)的确存在着某种特殊的东西,使它们不同于衬衣和鞋子等一般商品。尽管这样两种商品的边界很不清晰(也许越来越不明晰),但在分析上还是可以对它们加以区别的。也许我们之所以要区分二者,只是因为我们不能忍受文化创造物和文化事件与商品之间不具有本质区别的想法。"②城市社会里,生活世界本身意义是缺失的。城市所特有的社会结构与空间形式,不是对传统生活方式与意义世界的承接,而是以现代的方式割裂了传统生活意义世界的连接与感知。在传统农耕社会,文化是人们自身生活的样式,它赋予了各种外部空间意义,例如各种亭台楼阁、用于祭拜的宗祠、各种功

① [美]戴维·哈维. 后现代的状况[M]. 阎嘉译. 北京:商务印书馆,2003:269.
② [美]戴维·哈维. 叛逆的城市:从城市权利到城市革命[M]. 叶齐茂,倪晓晖译. 北京:商务印书馆,2014:90—91.

能性建筑,都是人的生活意义世界的外化与延伸,从而表现其生命的张力。因此,农耕社会的文化是一种由内向外的文化生成与散发过程。城市是一个通过外部空间形式感官向人们表达意义的存在,它又很难从都市的格式化生活中发现更多的意义世界。它所借助的只有通过各种建筑空间形式、抽象符号等外在形式赋予其由外向内对人们植入的意义,来强化城市与人的关联意义,以此来构建现代性当中以城市为代表的文化在场。因此,这种具有商品与商业气息的外在形式与符号,对于文化来说其实是无根之木、无源之水,很容易变成在现代化通用的场景里游走和可复制的符号。我们可以看到,在不同的城市空间下,商业形态、建筑空间形式呈现出千篇一律的特征。这种城市空间文化的雷同性,本质上是现代性与同一性内在强制的结果。当文化失去其独特性与多元性,生产力的发展其实是乏力的。因为在千篇一律的文化场景、商业形态和消费场景下,生产活动只是在重复着乏善可陈的生产,并且生产出越来越多的衍生品和冗余产品,找不到社会再生产的意义与方向。这种将文化片面化、客体化、单向度化的资本做法,不仅消解了文化的应有之义,而且使人在对物、对商品的崇拜中抹杀了文化的主体意义与精神价值。

城市的生活趣味与审美,以及对美的感知和欣赏,都受到现代性商品主义的冲击。外部空间形态建构形成的文化表征意义,又使得文化成为转瞬即逝的场景存在,难以形成精神的沉淀与保存。文化的积淀性和传承性被瓦解,因为在易变的形式与流动中,下一刻的存在可能又是另外一种颠覆。空间形态建构的乏善可陈,重复性、同质性的建筑景观难以进入人们的生存意义世界,使得现代性文化难以具备总体性。文化的总体性及其在各民族、国家具有的独特性,在现代性统一打造的空间景观下,难以体现其独特的社会存在价值。传统的文化格局、建筑形式、审美意象,都是被现代性所舍弃和抹杀的对象。在文化被资本包装和侵袭的现代性场域中,对文化进行独立思考,对时代进行深刻观察与总结,都是件非常困难且难以被大众理解与领会的事情。现代性具有的意识流变性、场景易碎性、商品化世界的单调性、时代的无主题性,这些特征都成为现代性文化呈现其自身整体面貌与精神全景的阻碍。文化的真实面目在现代性的市场化和通约化思维中难以呈现。

在现代性的空间景观下，当下与历史、历史与未来之间的关联被切断。历史铸就了我们的文化基因，它镌刻着人类的由来，也昭示着人类的未来，但在现代化的当下，在现代性的文化景观下，历史叙事的意义却成为被忽略的对象。在现代性的景观中，历史意味着什么呢？透过城市宏大的现代性空间结构，又能在多大程度上激发人们思考其与历史的关联呢？凡此种种，历史是排除在现代性之外的"多余"。缺少对历史进行审慎思考的独立精神，"各种价值和信念中的这种历史连续性的丧失"①，使得现代性在文化缺失的同时也把历史精神丢失了。

一直以来，资本得意于对社会各个维度无所不包的把控能力，包括对于文化这个最具主体性与价值性的存在进行解构。然而，当资本发展到一定历史阶段时，就会发现，资本越挤压文化，文化变得越枯竭，资本的发展也越难以为继。这种相反的发展力量，只会把资本自身的发展也禁锢了。也就是说，资本把最富有想象力与发展力的主体文化给抽干了，也就同时断了资本发展的后路。事实上，没有文化的涵养，经济发展就会成为无源之水，把可供生产的资源都掏空了。在娱乐、传媒领域，资本把一切可以资本化的东西都拿出来进行包装，想把文化打扮成资本的模样。事实上，文化应恢复自身的模样。限制把具有精神涵养的文化资本化，倡导文化的公益性，以及强化社会主义文化的主体性，回归文化精神本质与初心，这些都是中国正在积极努力的方向。经济能发展到何种程度，应当是在文化母体与叙事逻辑中行走。失去文化的孕育与指引，资本发展便失去了方向。

文化是科学、道德、伦理、行动之间的精神弥合和社会凝聚的统合力量，它需要把现代性所标榜的文化叙事加以融合与宣扬，同时还要在各种价值观念冲突中寻求一种认同的连接。文化认同的危机，在更深层次上

① ［美］戴维·哈维. 后现代的状况［M］. 阎嘉译. 北京：商务印书馆，2003：79.

其实表达着更为普遍的全球危机。危机在于传统的民族认同方式被削弱以及新的认同形式的出现。在现代性的打造下,在城市空间的虚拟和抽象中,人们自身的存在以及对文化的理解都在空间中进行投射,都需要透过空间的力量去理解。上升到较高层面,就表现出一种由具体形式抽象出来的精神内核。在文化差异和意义世界里,城市的空间都被资本化了,城市通过自己对空间和时间的不同占有与利用表达出全然不同的意义,它可以是世界观、价值观的不同,是思维方式的差异化,是思考层面的级差化。"文化是城市战略最微妙的一个方面。"①城市中各个关系通道,每层空间都有着对文化的认知与理解,空间化加速了认识裂变的进程,扩大了其规模,进而固化人们对价值的理解。在每个层化空间中,人们都在输出和表达自己的价值观,这些价值观共同构成了不同的亚文化层面。城市文化,就是人与空间之间的交互式体验与沉淀中发现其存在的意义。文化需要在空间中被感知,通过空间向人们传递意义,由此才能形成交互与关联。空间的割裂,实质上是人与人之间关系的割裂,人的本质与存在的割裂。城市文化需要在社会认同、民族情感、历史价值、文化传承性方面与城市空间内涵相契合,才能突显自身文化价值。

在城市化和空间形态不断转换过程中兴起的社会群体,他们在城市空间的各个维度与层面上建立起的共需认同、情感认同、虚拟角色认同,可能在另外一个层面上形成新的文化认知力量。传统的公民身份,在城市文化认同中可能会被消解,建立在传统社会中的"原初认同"、族群认同、地域情感、语言共通等文化认同形式,在现代性城市空间下都会遭遇前所未有的挑战。

文化精神的缺失,使得理性和科学原则在转化成适合行动的道德与政治原则时变得束手无策。文化是非理性的存在,但是却要在理性的空间中确认它的合理性,这本身就是一个悖论式的逻辑。

在现代性不断建构与资本推动中,精神散落的碎片只会越来越多,如

---

① [加]杰布·布鲁格曼. 城变:城市如何改变世界[M].董云峰译. 北京:中国人民大学出版社,2011:199.

果缺失一种精神引导的力量去整合这些碎片，那么这些精神碎片就得不到重新凝聚的力量。文化是对人的本质力量的尊重与敬畏，是一种精神的关爱。理性无法自发激起这些精神的觉醒与回归，而人文关怀则是唤起前行的力量。

"在现代性中，用规范和准则的概念来取代价值的概念不可能有意义。所有人类社会都有规范和准则。价值定向的不同范畴（好—坏，善—恶，高兴—不高兴，美—丑，等等）也可以用形而上学的语汇描述成一种'本质'的'各种偶有属性'。价值定向范畴的积极的一方是我们的习俗和我们的准则的'偶有属性'。遵守它们意味着做正确的事情，意味着正确地行动和思考。"① 文化作为精神的支柱力量一直都在，这也是为什么一直倡导现代性文化精神回归的原因。

现代性的发展体现出一种理性力量，这种力量通过认知的推演与递进，试图掌控人们认为可以掌控的一切。这种理性的力量在某种程度上，还原到精神层面，也是对人类精神自我认知的实现，即认知到精神方面的不足与缺陷。人类有这种精神认知的能力。"在海德格尔看来，如果人们想要理解人类的兴衰和命运的话，那么，启蒙思想的核心问题——'人是什么？'这个构成达沃斯论辩基础的问题，实际上很可能并不是决定性的问题。对他来说，根本问题应该是存在论问题，亦即存在（being）的意义和本质问题：存在是什么？"② 因此，现代性的发展，需要文化启蒙的力量对其进行审视与观照。

启蒙，从其字面意义来讲，是开启心智，是唤醒时代之人们沉睡于物欲之中的内在精神力量。启蒙是一种心智回归的理性过程，它唤醒非理性情感，发挥文化、传统道德等精神力量对社会的调和与凝聚作用。开启与回归的是一种精神审视的力量，是一种基于现实处境与文化发展相平衡的价值力量。在对现实理性的价值审视中，以及对精神回归的真诚渴望中，引导出与之相应的社会行动力量。因为社会发展并不只是理性力

① ［匈］阿格尼丝·赫勒 . 现代性理论［M］. 李瑞华译 . 北京：商务印书馆，2005：295.
② ［意］文森佐·费罗内 . 启蒙观念史［M］. 马涛，曾允译 . 北京：商务印书馆，2018：86.

量在起作用。没有文化和精神的润泽，理性只会走向干枯和衰竭，从而变成无源之水，无本之木，沦为现代性的空虚在场。

"'启蒙'是关乎对人类心智历史进化的理解"①，文化启蒙在于引导人们以历史审慎和文化审慎的态度，运用精神力量来构建自己的精神家园和文化世界，从而能够辩证地看待现时代的社会发展，反思人的社会存在意义，思考内心世界与外部空间的关联意义。文化启蒙的首要意义在于对一种文化的确认与树立。这种文化可以支撑起人们对生活世界意义的理解，以及建构精神充盈生活世界的方式与手段的理解，由此可以实现在现代化过程中不断追求充盈的价值世界和生活世界的目标，从而不会在现代性的物化空间中走向精神的虚无。

文化启蒙在于恢复被资本裹挟的文化的主体性、整体性、独立性，从而能够为精神的重新振作指明方向。文化从来不是经济的附属，不是受资本支配与改造的对象，不是简单的潮流与风尚，而是在历史的传承中形成的稳固的生存根基力量。它具有维系生存于其中的个体的稳定性力量。文化启蒙在于用人们的心智去开启和重新发现深藏于每个人生活世界中却很少主动意识到的文化基因。文化基因的破解离不开历史，但现时代的人们很少去思考历史与现在的关联。因为人们的身心被现代性所营造的景观所充斥，而变得无暇思考。信息化社会打造空间化、物化景观的持续在场，抽离了文化的在场与精神的在场。

文化如果一直被资本裹挟和打击，从历史来看，这都是极其危险的事情。学者赫勒认为，现代性是一种时代的进步，但是文化与文明在现代性的缺失与空场，也会使现代性重新陷入一种现代原始主义。"什么是现代原始主义呢？我认为现代原始主义在一种意义上是现代混乱的对立面。现代混乱就是缺少所有的伦理力量，其特征是历史想象和技术想象的影响的削弱，抑或它们的最终消失。"②文化不是现代性的附属和装饰品，而

---

① [英]安东尼·帕戈登. 启蒙运动为什么依然重要[M]. 王丽慧，郑念，杨蕴真译. 上海：上海交通大学出版社，2017：13.

② [匈]阿格尼丝·赫勒. 现代性理论[M]. 李瑞华译. 北京：商务印书馆，2005：225.

是确立现代性当代在场的思想前提与发展根基。文化不是现代性消解的对象,而应该是其信奉的对象。没有这种对文化的坚定与信仰,那么现代性则会陷入一种精神的忙乱与秩序的混乱,仿佛在一片技术生机盎然的现代性丛林中,裸露出精神原始性的荒芜。

文化启蒙应致力于恢复文化的整体性。文化是一种具有稳定社会发展力量的精神聚合力,超越了艺术、审美、宗教、道德等单向度力量。文化是一种推动社会发展的合力,任何脱离文化整体性的发展,都是片面局部的发展。在现代性社会中,文化走向产业化,相关主体都想在不同领域通过资本化方式冲出赛道,人们很难看出文化对社会统合的整体性作用。文化在现代社会体现出的对社会的整体性统合与调适力量,不仅是时代发展的需要,更是提升社会精神、推动社会进步的重要维度。文化的审视力量能够对人与技术的边界做出新的定义与重新划分,重新探索人与自然、人与人、人与社会、人与自我之间的和谐关系。在这种审视与反思之中,探索出人在工业化、信息化社会形态下,社会生产的方向、限度、价值和意义,从而能够在文化整体中看到社会自我,而非个体自我,做到对社会生产的领航定向。

文化独立性是对社会生活的审视与再思考。文化之于现代性而言,不仅要形成对现代性的精神审视,而且能够从现代性的理性钢板中透视出对人性、社会的理解与关怀。文化不是现代性与资本改造的对象。理性的狡计与自大之处,就在于它认为自己是无所不包的,能够把所有非理性因素统统收入囊中,纳入自己的版图之下。资本与现代性妄图透过城市空间叙写现代性的神话与文化叙事,向人们讲述与传递自己的逻辑,使得现代性成为统一的模板,也试图将文化这个最不能够被模板化的对象进行普世化,使得文化样板也成为现代性的统一标配。似乎令一切建筑风格、生活模式、摩天大楼、咖啡情调、网络空间都充满着现代性的荷尔蒙。"技术的发展本来是以服务人为目的,现在却大步走上了决定人类命运的道路。这种倒转人与技术之间关系的严格的辩证过程早就出现在了启蒙运动思维方式的最初核心之中,这种思维方式一心想要'建立一种统一的、科学的秩序……从原理中派生出实际知识,不管这些原理是被阐释为任意设定的公理、内在的观念还是最高层次的抽象'。"①资本以理性为范式的逻辑思维仿佛要把一切格式化。这种格式化,一是表现对精神文化的一致性要求,即认为文化服务并从属于资本,服务于技术,是资本与技术定义了格式化的生活样式,进而定义了文明样式;二是对于资本的侵略性而言,它认为这种范式的格式化同样要求世界上不同文明、不同文化间应具有一致性。而在本质上来看,现代性能否被世界各地所接纳,是由每一个不同且独特的当地文化精神母体说了算。

不能承认文化的主体性与独立性,是非常危险和愚蠢的事情。城市文化最容易被资本定制,因为城市大多是在资本驱动的工业化、信息化进程中兴起,这样建立起来的城市往往缺少文化底蕴,千篇一律的商业化空间更容易变成资本打造的对象。因此,文化的主体性在社会发展中的地位就突显出来了。文化并非随着社会发展阶段的变化,像某种需求一样时隐时现,不是随意被抛弃或改变的对象。文化是社会发展和运作的前提和土壤,是社会发展的先天性基因式存在。它受经济影响,但是不受经济的改变与定义。缺失了文化主体性,时代的精神便失去了精神土壤。

因此,历史进程中不断发展的现代性,应当被各自民族、国家自身的文化所理解与接纳,从而发展出适合人类自身发展的现代性。中国在快速发展的现代化道路上,应当对文化进行再启蒙。文化启蒙彰显出中国文化在现代化进程中的历史在场。文化启蒙意味着以独立精神进行自我审视,使人具备自省与反思能力,能够在精神的思考世界里,对现代性发展从边界、限度、形式、样态做出一种思考与判断,而不是丧失独立思考能力,任由具有西方特质的现代性无限制地发展。我们从来不缺少文化,但是缺少对文化主体回归的引导力量,缺少将文化自觉筹划运用到现代化进程中的启蒙。这种启蒙过程与现代化的发展道路紧密关联。西方现代性所标榜的自由主义文化,充其量对应的也是当下的物欲文化,而精神并

---

① [意]文森佐·费罗内. 启蒙观念史[M]. 马涛,曾允译. 北京:商务印书馆,2018:67.

没有从物质、资本的狭隘空间中得以解放与超脱,甚至是对这种狭隘的不断强化。精神越来越虚脱于经验世界的忙碌,人也不可能成为真正自由的人。物质世界的充沛丰富却使得精神文化在历史过程中来回蹒跚,迂回停滞不前。文化凝结着历史发展的精华、思想的精髓,中国文化孕育了中华民族生生不息的绵延历史,更包含着未来的无限潜能。在中国式现代化道路的探索与发展过程中,我们应当充分尊重并发扬自身的主体性文化。没有任何社会形态能够替代中国文化的独特存在。我们有优秀的精神文化传统,有丰富的精神财富与资源,足以涵养我们的精神世界,来滋养出我们对现代化道路的理解与实践。中国的现代化建设,必然以自身的文化和智慧来应对与化解经济发展过程中出现的问题、时代焦虑与发展难题。这种文化自信的确立,就是中国文化启蒙的主旨。

文化能够促进思想成熟,中国文化更能孕育出适合人类共同发展的精神土壤,开辟精神发展路线,形成思想指导与行动纲领。这与马克思提到的"人和自然界之间、人和人之间的矛盾的真正解决,是存在和本质、对象化和自我确证、自由和必然、个体和类之间的斗争的真正解决"[①]在理论与实践中是一脉相承的。中国道路用自己坚定的实践步伐证实了马克思主义理论的正确性,带领我们走向更加辉煌的明天。

如果没有文化作为精神的价值审视,那么生产力高度发达会生产出越来越多与人的本质相背离的东西。新质生产力的发展不仅是经济意义上的发展,更多的是社会意义、文化意义、价值意义上的发展。在被现代性总体安排的时间和空间的坐标中,生产力也在透过文化审视来彰显其推动社会前进与文明的力量。只有生产力的社会实现达成与人的文化心理的同构与共建,生产力才不会成为外在于人的价值之外的单向度的发展。在现代化的建设过程中,物性的达成并不意味着精神上的同步成长。在经历了工业化、资本、信息技术浪潮的洗礼后,人们需要再次思考生产力与文化的关联意义,在新的文化启蒙下建构与中国式现代化相匹配的

---

① 马克思恩格斯全集:第 3 卷[M].北京:人民出版社,2002:297.

精神文化气质,这将决定社会与人未来的发展走向。

三 人类命运共同体的历史担当

现代性呈现出复杂的历史景观,同时展现出在经历西方启蒙开化、工业化发展、资本积累转型等完整历程后演化出来的特性与机制,不断生成并影响着现代化这一开放的历史发展过程。现代性发轫于西方,它的基质是西方的,弥漫的过程却是世界的。在很大程度上,"现代性"成为发祥于西方社会的历史概念,而"现代化"则成为不断突破空间阻碍,以世界历史的姿态消除各民族时间与空间差异性的同质化发展过程。简言之,现代化对世界各地的时间与空间都有了一致性的外在强制性要求。也正是在这个意义上,现代性自身具有其特定与系统化的政治、文化、经济、历史发展谱系。当这种现代性以一种"普世性"的姿态与样式扩散至世界各民族,作为各民族未来发展之目标时,那么,现代性的合理性与正当性就是每个民族应当审慎考虑的历史问题。

现代性以一种完全不同的建构方式来标明自身与之前历史时期的断裂。在对时间与空间一致性要求的过程中,现代化带来的时间同一性并不代表历史的同质性,空间的同构性并不代表发展的平衡性。当现代性由一个地域观念演化为全球的历史发展过程与社会发展进程时,它催生了全球各地不均衡发展的世界格局,也带来了每个民族或国家不得不面对的历史命题。在现代性的确立进程中,世界各民族发展中历史时间的历时性转变为共时性,地理不平衡性演化为空间政治性。在以资本原则为内在机制的理性规制中,时间与空间紧密相连,正如所言"这两个维度是不可分割地系缚在一起的。空间经验的变化总是涉及时间经验的变化,反之亦然"①。因此,在这样的世界格局与发展过程中,现代性机制的展现与理解,离不开从时间-历史、空间-政治的多维角度进行审视。随着

---

① [英]彼得·奥斯本. 时间的政治——现代性与先锋[M]. 王志宏译. 北京:商务印书馆,2004:33.

信息时代对工业化时代的全面围攻,将现代性的审视再次置于时空立场中进行考量,则会发现,在资本逻辑这个当代生存机制的架构下,时间与空间俨然成了现代性实现自身的理性工具。现代性的自我筹划是否能在时间同一化与空间的组织化下,不断肯定与延伸自己的历史在场,能够以自己的时空对接未来的时空,能够以自身对现在的认同筹划出未来,能够把它所形成的"世界历史"真正推向历史的实处与深处,这本身是值得认真思考的问题。

在信息化建构的新历史发展阶段和世界变化发展格局下,信息思维和信息技术不断打造与变换的时空流变与空间主体的置转,使得人们需要不断探究现代性在历史流变中呈现出的机制与表现形式,深入对时代命题的思考。现代性是一个历史过程中呈现出来的机制,历史唯物主义擅长从历史的生成中解释这种机制的演化过程。历史是由无数个当下的空间过程与形式生成的,由于历史没有既定的轨道,所以我们必须重视每一个当下的空间。在时空置转的现代性力量中,探索现代化建设的道路。中国处于现代化的历程之中,在时间的纵向维度与空间的当下维度中建构我们对现代化理解与探索的坐标,就可以标示出我们自身在现代性历史发展中的位置。

西方的现代性在世界范围内的传播与强制,依靠的是资本的力量。借助这种经济原则的强制,现代性以否认非西方样式的现代化为基质前提,因此对任何非西方国家而言,现代化都是一个异质的过程。如何在全球化的时代背景下实现各民族的现代化,这是一个时代命题。现代化面临的最大问题,并不是单纯的生产力发展问题,而是人类如何更好生存与发展的问题,更好实现人的全面发展以及社会和谐发展的问题。也就是说,现代性主题不是解决人的生产力扩张问题,而是朝向人的更好实现自身而非背离自身本质的时代愿景。这就使得中国式现代化建设在自身文化建构的理解基础上,形成了完全不同于西方现代化的理解与认知。现代化不是生产出与人的本质背离的东西,而是对人的价值存在的维护与尊重,这是现代化发展意义与目标的全新树立。中国有这样的历史前瞻和促进人类命运共同体发展的历史担当。

以西方理性叙事逻辑为主轴的现代性在全世界弥漫过程中带来了两个直接且显性的后果：一是西方所谓的普世主义与自由民主泛化，冲击着各民族传统思想对社会的统合基础，消解各民族的历史认同与民族基础；二是强化了"原子式个体"的合理性。这两个方面无论从文化流失还是从经济强制角度来讲，都在催生这样一种事实：在现代性之下，如何把各自分散的具有"平等、自由、独立"意识的个体凝聚起来，形成社会发展合力与向心力，这是社会面临精神统合时的时代难题。

在资本主义生产基础决定的上层观念中，资本化的事实强化了"原子式个体"的自由观念。西方自启蒙以来，脱离神性的世俗社会的道德应当性一直是社会统合的难题。理性与价值之间的鸿沟在理论与实践过程中从未被填平过，而信息化社会的技术逻辑，更加速了理性与价值之间的分离。当历史进展到资本主义这一历史环节时，资本的事实不仅没有弥合，反而更加拉大与强化了这一缝隙。资本主义用财产的私有化独立出自主与自由的每个个体，社会统合从此失去了基础。各种思潮的泛化，则在观念和意识形态层面显现出社会与民族统合之难题。西方所谓的自由、民主的风尚其实不过是对原子式个体的强化，强调从个体出发的应当性。

在西方以物质财富积累和资本发展为基础的现代性体系中，经济发展和文化主体之间始终横亘着一条由物质生产导致的鸿沟。现代主义、后现代主义和传统主义被描述成资本主义文化认同的几个极。这种认同空间的建构，是一个将经济因素与文化因素连接在一起的过程。在经济生产过程中，个体主义日益分化，由此产生的现代主义文化认同是建立在无主体的个人主义凸显的基础之上。在这种个体主义认知下，现代文明与社会发展应当建立在个体自由和自我实现能力得到保障的基础上。这种资产阶级文化，在于强调用于满足个体化需求的社会服务体系与结构的形成与完善，强化必须打破传统的权威和社会整体，才能够不受约束地发展自我个体。这种从个人主义出发的方式，对社会文化观念有着强烈的破坏性，现代主义面对这种文化的分裂表现得束手无策，人们也不知道如何运用现代主义去建设精神的家园。

近年来,新自由主义愈演愈烈,它以私有化为利刃,严重瓦解各民族传统中处于核心地位的价值传统。经济规则与技术理性一旦成为社会强制,人们的精神统合则变得愈加艰难。经济的理性推导不出道德的应当,这在西方就没有解决好的难题,现在却以现代化这个助推器将其推向世界各民族的发展进程中,瓦解着各民族对自我的认同感与责任感。

这就带给我们一种时代主题转换的深刻反思,由单纯的经济增长模式下的社会生产力的发展,转向以经济发展为核心、促进人的全面发展的新模式。显然,发展资本与走资本主义意识形态道路存在本质区别。资本发展所带来的经济秩序与理性原则,不能像西方自由主义所鼓吹的那样,能够自发调节人与人、人与自然之间的和谐关系,也无法实现人的全面发展和构建社会凝聚力。构建和谐社会才是社会主义国家担当人类命运共同体的立足之本。因此,中国的现代化事业作为人类历史上前所未有的伟大实践,中国只有走自己的道路,才能克服现代化发展的悖论。

现代性在世界各民族进行现代化的过程中必须形成一个从自身出发理解现代化的过程,其核心价值、理念并非表现为西方统一的概念,工业化过程也并非遵循西方统一的模式。这也意味着,现代化在各民族与国家的建立要遵照各民族自身的文化与历史特色,这样的现代性对各民族而言才不是异质性的,才是一个以内在文化基质为基础的真正实现对现代化的理解,是一个扎了根、接了民族底气的现代性理解。因此,在面对现代化在不同国家发展的异样时,必须立足自己民族的思想文化基础来树立自己的理论底色,以自己的民族根基解决现代性带来的西化问题。中国的现代化并不是一个任由资本逻辑发展而消磨自身、消解自身精神文化的过程。中国现代化发展道路的构建必须牢牢根基于自身民族基础,中国有这样的理论与实践勇气,可以用自己的历史实践方式反思与重构对现代性的理解。

在新的历史发展情境与变化的世界格局下,中国的现代化道路面临着发展命题与实践问题。中国作为一个发展中国家,一个在现代化建设中不断进行内核式发展的国家,在现代化道路的起点上就与西方资本主义国家有着本质的不同。这就意味着中国在迈向工业、农业、国防和科学技术现代化的高度文明的社会主义国家的道路上,要比发达国家倾注更多的理论勇气与实践精神。

建立中国的现代性基质,不是用西方的认知与理解范式稀释或颠覆中国自身的民族传统与文化历史根基,更不应消解中国自身的民族理解,反而是要在现代化过程中强化自己的民族认同与民族理解。民族认同是一种文化与历史意义上对现有生活世界之意义的肯定立场。在现代化过程中,各民族往往受到西方强权国家在政治、经济、文化上的侵蚀与挤压,在同一种信息化工具的传播链接中对西方带来的价值观念与生活样式进行复制与传播,难以从民族心理上找到一种对自身文化生活样式予以肯定与接受的力量,找不到当下的生存定位与存在意义,往往对生存世界的多重处境持排斥或否定意义的态度,从而失去了应有的民族意识边界。因此,确立自身的民族文化基础,才能实现民族化传承以及与现代化过程的文化对接,帮助人们在深层次的精神层面上达成对民族精神文化与生存样式的肯定与理解。

在全球化席卷的现代化过程中,中国如何建构自己的民族历史与生存空间,这是一个在新的时空架构中思考的时代问题。中国的现代化发展,从时间维度来说,处于后发式现代化进程。从空间维度来说,处于世界经济一体化不平衡发展的世界格局中。在改革创新的形势下实现民族的现代化,不仅是技术变革带来的社会革新,更关键的是新的历史实践方式的革新与建构。坚持马克思主义发展道路,深耕民族历史文化与精神,坚定"四个自信",中国必将在现代化的世界之林中发挥更广泛的作用,担当更多的历史责任。

奠定民族基础、建构民族认同是真正实现现代化的前提,而信息化的历史环境往往漠视并褫夺这一基础,总是以反传统的肢解方式切断与传统历史和精神文化信仰的脐带。但是资本化的生存建制与信息化的技术逻辑并没有带来新的社会统合基础。在社会生产力不断发展的过程中,对现代性呈现出来的技术机制的合理性,以及人与信息化生存的背离性,人在多重空间下发展的片面性的诸多审视,都会促使人们重新思考现代性的合理性基础及未来出路。从胡塞尔的"回到生活世界",到海德格尔的"面对现象本身",乃至哈贝马斯的"生活世界建构",其理论目标与实践指向都是积极透过现代性捆压下的层层"铁笼"机制与"抽象化现实"的迷雾,从生活世界中寻找合理性基础,从而回归生活本质。而从本质来看,这个追求的生活世界意义就在于民族精神文化传统的恢复与重建。文化在对保有民族精神方面具有积极肯定的历史意义。同时,历史实践也表明,中国在立足民族精神文化特色中寻找与汲取新的力量与元素来重新奠定现代性的生存根基与合理性基础,也正在为世界提供新的现代化发展思路与实践方案。中国的传统精神文化在建构人们生活样式的同时,也拓深人们对现代性自身的理解,加强了对人的主体性与全面发展之社会理念的理解,这种理解是要透过现代性当下的机制,重新定义对生活的理解。

文化是彰显世界多样文明样式能够共同且包容存在的最有力的历史明证。时代问题有待深入研究与解决,而自马克思主义创立以来,人们始终崇尚并秉持着这种革命乐观精神。

中国的社会历史实践表明,现代化过程不仅是技术、经济上的达成,更是一种人的发展理念更新与实现的过程,这就要求具有相应的哲学以及精神层面与之呼应和承接,使得现代化成为一种植根于民族历史文化基础之上符合人的生存特质的存在之境。中国在深化改革、锐意进取的同时,已经有了对现代化进行审视与反思的理论勇气,搭建了历史实践舞台,具备了足够的理论自信与民族基础去发展自己的现代化道路。这种理论自信取决于中国在发展经济的同时,有了更为清晰的民族意识和文化自觉。在对接现代性这一历史成果时,中国在这个过程中有了自我的认知范式与实践方式,这都植根于民族精神与民族文化的历史根基。这需要在新的历史时期对文化与精神进行再启蒙与再培育,从而建立起中国现代化发展道路中的精神根基与文化话语。这种植根于中国国情与文化土壤中的文化反思力量,能够清楚自身在现代化道路中的立足点,以一种审视的眼光来甄别各种思潮,从而思索自己的现代化之路,能够在全球的经济、政治环境中具有更为充沛的驾驭能力。

在改革中坚持发展,是推动现代化发展能动的力量。这一过程离不开理论的创新与发展,这正是中国式现代化道路在广泛汲取马克思主义理论的基础上,进而转化为民族发展基础的理论自觉。在中国共产党的坚强领导下,中国在改革发展的道路中正逐步建立起自己的理论自信。当然,这种自信并不是盲目的乐观与自负,而是在对民族自信、文化自信深深认同基础上,以一种相对稳定与成型的理论化方式建立并完善中国道路发展的理论体系,承托起进一步促进文化自省、精神启蒙的历史责任,形成与中国特色社会主义现代化道路相匹配的指导方针,弘扬与之相符的民族精神,从而为政治、经济、文化改革发展指明方向。

走坚定自信的发展道路,对中国改革创新的历史意义是巨大的。在现代化创新发展的道路上,以信息技术为驱动的技术革新,以信息化方式组织社会生产进行变革的发展力量,都在不断重构我们对世界的认知与理解方式,推动我们对现代化发展理念的深刻领会。在这个过程中,我们需要深刻把握现代化发展理念的创新以及与之相匹配的精神文化的确立,不断促进中国式现代化理论的形成。因为现代化发展的历史过程,始终面临着技术手段带来的生产力方式的变化,始终面临着经济环境的变革,始终对应着人的全面发展的本质回归。所有这些变革,都离不开精神层面的创新引领,离不开精神文化的重新审视。任何改革与创新,归根结底还需要精神层面的引领与匹配。

现代性衍生的复杂性越庞杂,现代化对应的发展机制则越需要创新,越需要我们发展出与之相匹配的对社会的洞察和驾驭能力。这就必然要发展出我们自己的理论体系和解释话语。如果在改革创新道路中没有自己的理论基础、理论体系与理论方向,那么我们就没有精神的引导,失去精神的归属,丧失对道路、方向的判断,在世界的现代化之林中失去对发展格局的认识与判断。没有道路发展的指引方向,就会丧失对现代性的审视和历史发展的前瞻。

　　如何在现代化生存样式中找到属于中国且能促进人的全面发展的道路与方向,这离不开中国发展的理论先导与理论支撑。众所周知,西方的现代性是在自由主义意识形态自洽与技术理性逻辑自足的双重演化中推进发展的。在西方现代性的话语体系中,现代性的要义就是自由主义理念下的自由竞争和技术逻辑驱动下的自然演化。在这样的社会意识下,人只能沦为单向度的工具,甚至是被信息社会所抛弃的符号,导致现代社会人的本质分离与背离。在世界多样性以及现代性自身所繁衍出来的各种意识形态对撞中,如何通过中国的历史实践向世界证明,中国的集体主义是根植于民族血脉走现代化道路的历史必然选择与自主选择,是马克思主义在中国历史实践活的灵魂,是围绕人的主体性存在的社会主义自主现代化道路,这些都离不开中国现代化理论的发展与确证。

　　中国建立自己的理论自信具有非常好的时代基础与历史机遇。当前,中国的经济实力和综合国力已经到了新的历史发展阶段,是总结反思现代化历程,前瞻未来现代化道路的极好历史时期。当下的中国改革创新,倡导将内省、反思与进取精神相融合,推动民族文化与社会主义核心价值对接,推进信息化时代效率、利益、公平等领域的深入改革。因此,中国当下的改革创新,是一场社会体系的整体自我更新,是政治、经济、文化在生产方式、社会公平、理念转变领域全方位的同步改革。有经济实力发展做强有力支撑,有公正开明的政治改革保驾护航,有走向世界的产业格局,中国正处在最好的改革发展历史时期。这些改革创新离不开改革的理论先导,同时也在实践中不断深化对中国道路理论的理解,培育中国改革的理论自信,为理论进一步指导实践打下坚实的基础。

　　从世界范围内来讲,中国道路的理论自信对世界的和平与发展有着积极而深远的意义,这点是毋庸置疑的。未来世界和平发展的一个重要前提就是国家、民族之间的相互承认与尊重。承认与尊重的价值内核就是承认与尊重各民族文化与发展的差异,并不以现代性所谓的强制性与统一性使不发达民族与国家纳入现代化、信息化的统一序列中,并不以任何意识形态去影响、干涉其他民族与国家的发展。这种承认与尊重,是中国在现代化浪潮中积极走自主发展道路,追求人的全面发展所展现出的独有气魄与担当,是肩负人类命运共同体发展的历史情怀与责任担当。中国作为世界上最大的发展中国家,在现代化探索与发展进程中走出了一条属于自己的发展道路,构建起自己的理论体系,正在为世界各国探索现代化路径提供中国方案与范例。

结语　未来想象力

现代性是一幅丰富而迷人的历史画卷，展现出独特的历史景观。当现代性进展到信息化生存的历史阶段时，资本与技术的缠绕始终没有脱离马克思政治经济学批判的历史视域，并且更加突显了情感、价值、伦理、人的全面发展之生存境遇在马克思主义理论阐释中的时代意义与时代感召力。当以历史审慎的眼光审视这些时代发展的关键词时，就会发现中国式现代化的发展逻辑与文化脉络在其中的独特历史意义与贡献。这就再次表明，中国式现代化在信息化生存历史条件下的发展旨向是走向人的全面发展，是以人的价值实现作为未来发展的历史目标。

在这样的历史发展眼光下审视，我们再次来看人工智能的发展，它就绝不仅仅是一种技术的升腾与飞跃，不仅仅是技术赛道上的一意孤行与时代追捧。我们可以在特定领域推进人工智能技术的发展与细化，但更需要越来越多的人能够从宏观和整体视野看待其与人类发展的关系，这就势必需要更多学科的参与并共同努力，培养人们尤其是青年学生与学者的通识思维，提升他们具有精神高度的哲学理解力，而不是钻技术逻辑的牛角尖，抹杀人的最鲜活的生命力与创造力。

当下，面对人工智能带来的信息化快速发展，越来越多的人感到困惑，尤其是正值青春年华的青年学子。这种信息化生存对人的全面塑造，使得学习、工作、生活的方方面面似乎都在被人工智能技术不断充斥和裹挟，那么，人的存在意义与存在价值何在呢？对于那些生来就处在人工智能时代的新生代而言，人工智能的信息化背景已经铺就好了他们的发展底色与生存座架，那么他们的发展前景与理想动力又是如何呢？

我们说，时代的发展一定需要想象力，未来的发展需要想象力。人工智能不是铺就我们未来发展的既定道路，更不是限制人类发展想象力的阻碍力量。我们需要保有一种更高维度的人类情怀与人类关怀，去激发这种想象力的创造，去拥抱这种想象力的热情，去激励这种想象力的层出不穷。

想象力不是技术逻辑的单向度延伸与线性思维的推导，而是具有融合社会各方面发展的创建力，是走向适宜人的全面发展方向的推动力，是能够打破旧有格局的革新力。所以，我们需要保护年轻人的活力与想象力，需要鼓励他们从更多的非技术理性的角度出发去看待与审视时代的发展，需要拿出更多更好的文化资源与思想引领去呵护他们的想象力与创新力。因为未来发展需要想象力，也离不开想象力，这势必影响他们对未来的理解与发展。

我们可以进一步看出，对青年学子的思想引领与文化传承，在未来时代发展中具有至关重要的地位与作用。未来不缺技术的推进与发展，而是缺少对技术与时代发展的精神引领与指引，缺少对未来想象力与活力的激发。也只有在这种精神引领下，才会激发政治、经济、文化等各项社会发展的活力，推动其发展。在中国式现代化发展道路与过程中，加强对青年学生的思想政治教育和精神引领，培育他们的家国情怀和文化传承意识，正是激发他们在人工智能时代跳脱技术维度的狭小格局，打开他们无限想象力与创造力空间的赋能力量。

未来一定是充满想象力与无限发展活力的时代。技术空间细化了我们对生存尺度的认知，但是决不能束缚我们对时代发展格局的想象力与创新力。并且正是这种想象力与创新力的爆发，才是推动社会发展、促进人的全面发展的能动力量。在人工智能时代，让我们与具有人文关怀的未来想象力拥抱，与中国式现代化道路中面向人的全面发展的生机勃勃的创新力拥抱！

参考文献

[1] 马克思恩格斯全集：第 3 卷[M]. 北京：人民出版社，1960.

[2] 马克思恩格斯全集：第 3 卷[M]. 北京：人民出版社，2002.

[3] 马克思恩格斯全集：第 4 卷[M]. 北京：人民出版社，1958.

[4] 马克思恩格斯全集：第 11 卷[M]. 北京：人民出版社，1995.

[5] 马克思恩格斯全集：第 13 卷[M]. 北京：人民出版社，1962.

[6] 马克思恩格斯全集：第 19 卷[M]. 北京：人民出版社，1963.

[7] 马克思恩格斯全集：第 21 卷[M]. 北京：人民出版社，2003.

[8] 马克思恩格斯全集：第 30 卷[M]. 北京：人民出版社，1995.

[9] 马克思恩格斯全集：第 31 卷[M]. 北京：人民出版社，1998.

[10] 马克思恩格斯全集：第 32 卷[M]. 北京：人民出版社，1998.

[11] 马克思恩格斯全集：第 33 卷[M]. 北京：人民出版社，2004.

[12] 马克思恩格斯全集：第 42 卷[M]. 北京：人民出版社，1979.

[13] 马克思恩格斯全集：第 44 卷[M]. 北京：人民出版社，2001.

[14] 马克思恩格斯全集：第 45 卷[M]. 北京：人民出版社，2003.

[15] 马克思恩格斯全集：第 46 卷[M]. 北京：人民出版社，2003.

[16] 马克思恩格斯选集：第 1 卷[M]. 北京：人民出版社，1995.

[17] 马克思恩格斯选集：第 1 卷[M]. 北京：人民出版社，2012.

[18] 马克思恩格斯选集：第 3 卷[M]. 北京：人民出版社，1995.

[19] 马克思恩格斯文集：第 2 卷[M]. 北京：人民出版社，2009.

[20][德]黑格尔.历史哲学[M].王造时译.上海：上海世纪出版集团,2006.

[21][德]黑格尔.哲学史讲演录[M].贺麟,王太庆译.北京：商务印书馆,1959.

[22][美]大卫·哈维.希望的空间[M].胡大平译.南京：南京大学出版社,2006.

[23][美]戴维·哈维.叛逆的城市：从城市权利到城市革命[M].叶齐茂,倪晓晖译.北京：商务印书馆,2014.

[24][美]大卫·哈维.巴黎城记：现代性之都的诞生[M].黄煜文译.桂林：广西师范大学,2010.

[25][美]大卫·哈维.新自由主义化的空间：通向不均衡发展理论[M].王志弘译.台北：群学出版有限公司,2008.

[26][美]大卫·哈维.新自由主义简史[M].王钦译.上海：上海译文出版社,2010.

[27][英]大卫·哈维.资本的限度[M].张寅译.北京：中信出版集团,2017.

[28][美]戴维·哈维.后现代的状况[M].阎嘉译.北京：商务印书馆,2003.

[29][美]戴维·哈维.正义、自然和差异地理学[M].胡大平译.上海：上海人民出版社,2010.

[30][英]史蒂芬·霍金.时间简史[M].许明贤,吴忠超译.长沙：湖南科学技术出版社,2007.

[31][法]亨利·勒菲弗.空间与政治[M].李春译.上海：上海人民出版社,2008.

[32][意]文森佐·费罗内.启蒙观念史[M].马涛,曾允译.北京：商务印书馆,2018.

[33][美]马歇尔·伯曼.一切坚固的东西都烟消云散了[M].徐大建,张辑译.北京：商务印书馆,2003.

[34][英]彼得·奥斯本.时间的政治——现代性与先锋[M].王志宏译.北京：商务印书馆,2004.

[35][英]R.J.约翰斯顿.哲学与人文地理学[M].蔡运龙译.北京：商务印书馆,2000.

［36］［美］爱德华·W. 苏贾. 后大都市：城市和区域的批判性研究［M］. 李钧等译. 上海：上海教育出版社，2006.

［37］［美］曼纽尔·卡斯特尔. 信息化城市［M］. 崔保国等译. 南京：江苏人民出版社，2001.

［38］［美］彼得·盖伊. 现代主义：从波德莱尔到贝克特之后［M］. 骆守怡，杜冬译. 南京：译林出版社，2017.

［39］［美］詹明信. 晚期资本主义的文化逻辑［M］. 陈清侨译. 上海：三联书店，1997.

［40］［英］约翰·伦尼·肖特. 城市秩序：城市、文化与权力导论［M］. 郑娟、梁捷译. 上海：上海人民出版社，2011.

［41］汪民安. 现代性［M］. 南京：南京大学出版社，2012.

［42］［英］斯蒂夫·派尔. 真实城市：现代性、空间与城市生活的魅像［M］. 孙民乐译. 南京：凤凰出版传媒股份有限公司，2014.

［43］［德］阿尔弗雷德·韦伯. 文化社会学视域中的文化史［M］. 姚燕译. 上海：上海世纪出版集团，2006.

［44］［美］艾尔伯特·鲍尔格曼. 跨越后现代的分界线［M］. 孟庆时译. 北京：商务印书馆，2013.

［45］［英］杰拉德·德兰蒂. 现代性与后现代性：知识，权力与自我［M］. 李瑞华译. 北京：商务印书馆，2012.

［46］［美］乔纳森·弗里德曼. 文化认同与全球性过程［M］. 郭建如译. 北京：商务印书馆，2003.

［47］［英］罗伊·波特. 启蒙运动［M］. 殷宏译. 北京：北京大学出版社，2018.

［48］［匈］阿格尼丝·赫勒. 现代性理论［M］. 李瑞华译. 北京：商务印书馆，2005.

［49］［德］齐奥尔格·西美乐. 时尚的哲学［M］. 费勇译. 北京：文化艺术出版社，2001.

［50］［美］詹姆斯·施密特编. 启蒙运动与现代性：18 世纪与 20 世纪的对话

[M].徐向东,卢华萍译.上海:上海人民出版社,2005.

[51][英]安东尼·帕戈登.启蒙运动为什么依然重要[M].王丽慧,郑念,杨蕴真译.上海:上海交通大学出版社,2017.

[52][意]文森佐·费罗内.启蒙观念史[M].马涛,曾允译.北京:商务印书馆,2018.

[53][英]安东尼·吉登斯.社会的构成[M].李康,李猛译.上海:生活·读书·新知三联书店,1998.

[54][英]安东尼·吉登斯.现代性的后果[M].田禾译.南京:译林出版社,2000.

[55][德]汉斯-格奥尔格·加达默尔.哲学解释学[M].夏镇平,宋建平译.上海:上海译文出版社,2004.

[56][英]以赛亚·柏林.自由及其背叛:人类自由的六个敌人[M].赵国新译.南京:译林出版社,2005.

[57][加]杰布·布鲁格曼.城变:城市如何改变世界[M].董云峰译.北京:中国人民大学出版社,2011.

[58][美]芒福德.城市发展史[M].宋俊岭,倪文彦译.北京:中国建筑工业出版社,2005.

[59][德]马克斯·韦伯.非正当性的支配——城市的类型学[M].简惠美译.桂林:广西师范大学出版社,2005.

[60][意]理查德·桑内特.肉体与石头:西方文明中的身体与城市[M].黄煜文译.上海:上海译文出版社,2006.

[61][美]詹姆斯·E.万斯.延伸的城市:西方文明中的城市形态学[M].凌霓,潘荣译.北京:中国建筑工业出版社,2007.

[62][美]迈克·詹克斯,伊丽莎白·伯顿编著.紧缩城市:一种可持续发展的城市形态[M].周玉鹏等译.北京:中国建筑工业出版社,2004.

[63][德]瓦尔特·本雅明.巴黎,十九世纪的首都[M].刘北成译.北京:商务印书馆,2013.

[64][法]让·鲍德里亚.生产之镜[M].仰海峰译.北京:中央编译出版社,2005.

[65][美]卡尔·休斯克.世纪末的维也纳[M].李锋译.南京:江苏人民出版社,2007.

[66][德]于尔根·科卡.资本主义简史[M].徐庆译.上海:文汇出版社,2017.

[67][英]西蒙·克拉克.经济危机理论:马克思的视角[M].杨健生译.北京:北京师范大学出版社,2011.

[68]汪民安.身体、空间与后现代性[M].南京:江苏人民出版社,2006.

[69]汪民安等主编.后身体:文化、权力与生命政治学[M].长春:吉林人民出版社,2003.

[70]包亚明.现代性与空间的生产[M].上海:上海教育出版社,2003.

[71]包亚明主编.现代性与都市文化理论[M].上海:上海社会科学院出版社,2008.

[72]包亚明主编.现代性与空间的生产[M].上海:上海教育出版社,2003.

[73]夏铸九,王志弘.空间的文化形式与社会理论读本[M].台北:台湾明文书局,2002.

[74][美]诺姆·乔姆斯基.新自由主义和全球秩序[M].徐海铭,季海宏译.南京:江苏人民出版社,2001.

[75][英]阿尔弗雷多·萨德-费洛,黛博拉·约翰斯顿主编.新自由主义批判读本[M].陈刚译.南京:江苏人民出版社,2006.

[76][美]汉娜·阿伦特.《耶路撒冷的艾希曼》:伦理的现代困境[M].长春:吉林人民出版社,2003.

[77][美]詹姆斯·格雷克.信息简史[M].高博译.北京:人民邮电出版社,2013.

[78][美]戴维·温伯格.万物皆无序:新数字秩序的革命[M].李燕鸣译.太原:山西人民出版社,2017.

[79][美]利奥·达姆罗施.重返昨日世界:从塞缪尔·约翰逊到亚当·斯密,一群塑造时代的人[M].叶丽贤译.桂林:广西师范大学出版社,2022.

[80][英]玛格丽特·A.博登.人工智能哲学[M].刘西瑞译.上海:上海译文出版社,2001.

[81][美]Eric S. Raymond.大教堂与集市[M].卫剑钒译.北京:机械工业出版社,2014.

[82]尼克.人工智能简史[M].北京:人民邮电出版社,2017.

[83][英]维克托·迈尔·舍恩伯格.大数据时代:生活、工作与思维的大变革[M].周涛译.杭州:浙江人民出版社,2012.

[84]徐英瑾.人工智能哲学十五讲[M].北京:北京大学出版社,2021.

[85][法]乔治·杜比.大教堂时代:艺术与社会(980—1420)[M].顾晓燕译.南京:南京大学出版社,2022.

[86][美]埃里克·J.拉森.造神:人工智能神话的起源和破除[M].滕加琪译.北京:中国科学技术出版社,2023.

[87]熊培云.人的消逝:从原子弹、互联网到人工智能[M].杭州:浙江人民出版社,2024.

[88][奥]马克·考科尔伯格.人工智能的政治哲学[M].徐钢译.上海:上海人民出版社,2024.

[89][意]乔万尼·阿里吉.漫长的20世纪:金钱、权力与我们时代的起源[M].姚乃强,严维明译.北京:社会科学文献出版社,2022.

[90][印度]阿马蒂亚·森.伦理学与经济学[M].王宇,王文玉译.北京:商务印书馆,2014.

[91]孙逊,杨剑龙.都市空间与文化想象[M].上海:上海三联书店,2008.

[92]汪民安.城市文化读本[M].北京:北京大学出版社,2008.

[93]余英时.中国文化史通释[M].上海:生活·读书·新知三联书店,2012.

[94]柳诒徵.中国文化史[M].上海:中华书局,2015.

[95]郭永秉.汉字中的文化史[M].上海:上海文艺出版社,2024.

[96][英]蒂莫西·C. W.布莱宁.权力的文化与文化的权力:旧制度下的欧洲

(1660—1789)[M].李文君译.上海:上海书店出版社,2024.

　　[97] 程德林.西欧中世纪后期的知识传播[M].北京:北京大学出版社,2009.

　　[98][美]伊曼纽尔·沃勒斯坦.知识的不确定性[M].王昺等译.济南:山东大学
出版社,2006.